서비스 산업에서 살아남기 위한 **핵심 전략**

엑설런트 서비스

엑설런트 서비스

발 행 일 2020년 4월 15일 초판 1쇄
         2021년 11월 22일 초판 2쇄

지 은 이 유한주
발 행 인 이동선
편   집 노지호, 박우현, 김효윤
마 케 팅 김정화
디 자 인 유노스튜디오
발 행 처 한국표준협회미디어
출판등록 2004년 12월 23일(제2009-26호)
주   소 서울특별시 강남구 테헤란로 69길 5(삼성동, DT센터) 3층
전   화 02-6240-4890
팩   스 02-6240-4949
홈페이지 www.ksamedia.co.kr

ISBN 979-11-6010-046-4 03320

값 15,000원

서비스 산업에서 살아남기 위한 핵심 전략

엑설런트 서비스

목차

Contents

제3부 | 엑셀런트 서비스의 조건 II
서비스의 경영학적 접근

제4부 | 엑셀런트 서비스의 조건 III
서비스의 행동경제학적 접근

서문

우리나라의 서비스 산업은 GDP의 약 60%, 고용의 약 70%를 차지하고 있으며 주요 선진국들은 각각 약 70%, 80% 수준이라는 점을 감안하면 서비스 산업이 국가경제에 얼마나 중요한지를 알 수 있다. 반면에 서비스 산업의 노동생산성은 2017년 기준 시간당 4.91달러에 불과해 OECD 29개국 중 22위 수준이며 14달러인 미국, 8.3달러인 일본에 턱없이 낮은 수준이다. 이렇게 노동생산성이 낮은 수준인데도 최저임금제도를 도입함에 따라 소상공인을 비롯한 서비스업종이 어려움을 겪고 있는 것이다. 따라서 최저임금제도의 긍정적 효과를 배가하고 나아가 국가 경제를 살리기 위해서 서비스 산업의 경쟁력을 높이는 일은 매우 중요하다.

서비스 산업의 경쟁력이 제고되려면 두 가지 문제가 해결되어야 한다. 첫째는 '서비스'에 대한 인식의 전환이다. 아직도 '서비스'는 친절하기만 하면 좋은 서비스라고 생각하는 경향이 있다. 물론 친절한 서비스도 중요하다. 그러나 이제는 친절은 기본적인 요소일 뿐이며 친절한 서비스라고 해서 반드시 경쟁력 있는 서비스가 되지는 못함을 알아야 한다.

둘째는 '서비스'에 과학적 접근이 필요하다는 것이다. 소위 서비스의 과학화를 말한다. 저자가 본서에서 강조하고자 하는 점이 서비스의 과학화이다. 즉, 과거의 주먹구구식 서비스에서 탈피하여 과학적인 방법과 체계적인 분석에 의한 서비스가 필요하다.

본서는 저자가 다년간 서비스운영에 관한 연구와 강의를 해오면서 우리나라 서비스 산업의 발전에 필요하다고 생각되는 과제들을 정리한 것이다.

본서의 구성은 크게 4개 파트로 구분하여 1부에서는 서비스기업의 기본적인 전략을 소개하고, 2부에서는 서비스에 대한 과학적인 접근, 3부에서는 경영학적인 접근 그리고 4부에서는 행동경제학적 접근과 관련된 내용을 설명하였다. 이론적인 내용이나 통계적인 분석을 지양하고 국내외 사례 위주의 내용으로 설명함으로써 서비스 산업에 종사하는 실무자들이 쉽게 읽을 수 있도록 하였다. 또한, 내용의 구성상 앞부분부터 순서대로 읽지 않아도 되며 관심이 있는 주제를 선별적으로 읽어도 되도록 구성하였다.

본서를 저술하는데 많은 분들이 함께 참여하였다. 이들은 저자가 대학원 박사과정에서 지도하며 배출한 제자들이며 각자 작성한 학위논문에 관련된 주제들을 선정하여 저술에 참여하였다.

공동저자로서 이들의 적극적인 도움이 없었다면 본서의 출간은 어려웠을 것이다. 본서의 뒷부분에 이들의 이름과 소속을 표기하였다. 유교연(유한주 교수 연구실의 약칭)의 구성원은 이들 이외에도 여러 명이 있으나 저술 작업 이외의 다른 방법으로 지원하여 도움을 아끼지 않았음을 감사하게 생각한다.

우리나라 기업 중 글로벌 시장에서 선두그룹에 속하는 기업은 몇몇 기업이 있지만 안타깝게도 이들 중 서비스 기업은 거의 없다. 아마도 본서에서 설명한 '엑설런트 서비스'가 되기 위한 조건들을 모두 구축하고 실행에 옮기고 있는 우리나라 서비스 기업이 많지 않기 때문일 것이다. 우리나라 서비스 기업을 대상으로 심사와 자문을 해 온 저자의 경험에 의하면 이러한 조건을 매뉴얼로 만들어 두고 있지 않거나 설사 매뉴얼화 하고 있더라도 이를 철저히 준수하고 있는 기업은 많지 않다는 생각이다.

따라서 본서에서 설명한 내용을 각 서비스 기업에서 어느 정도 철저히 준수하고 있는지를 점검하고 개선해 나감으로써 우리나라 서비스 기업이 국내뿐만 아니라 글로벌 시장에서 경쟁력을 확보하는데 도움이 되리라 기대한다.

마지막으로, 拙著이지만 저자가 30여년 이상 연구, 자문, 강의를 해 온 서비스경영 분야의 여러 선후배 학자들의 학문에 대한 열정과 관심 덕분에 이 책이 완성될 수 있었음을 감사하게 생각한다. 그리고 어려운 여건 속에서도 출간을 도와주신 한국표준협회미디어 이동선 사장님과 노지호 팀장님에게 심심한 감사의 말씀을 드린다. 부족하지만 아무쪼록 이 책이 우리나라 서비스 기업의 성장을 위한 작은 이정표가 될 수 있기를 기원한다.

2020년 4월 **저자 일동**

1

엑썰런트 서비스
**EXCELLENT
SERVICE**

제1부

서비스 기업에는
어떠한 전략이
필요한가?

제1장

고객중심
서비스 전략

카페베네는 브랜드 초창기 점포를 많이 만드는 전략을 내세웠다. 카페베네 매장은 마구잡이로 생겨나 2011년에 500호점을 달성한 이후 2013년 8월에 1000호점을 돌파했다. 점포 확장은 국내뿐 아니라 중국 600여 개, 미국 80여 개의 매장 이외에 일본, 몽골, 말레이시아, 싱가포르, 필리핀, 인도네시아, 사우디아라비아, 캄보디아에도 매장이 있을 정도로 공격적으로 이루어졌다.

하지만 내실을 제대로 다지지 못한 것이 문제로 지적됐다. 실제로 카페베네는 카페임에도 불구하고 많은 소비자들에게 커피보다는 빙수가 맛있는 곳으로 유명했고, 직영점보다는 가맹점이 많다 보니 커피 맛의 관리가 잘 안된다는 평가를 받았다. 실제로 창업자 중 한 명인 강훈 전 이사도 2011년 인터뷰를 통해 커피 맛 관리가 잘 안된다고 증언한 바 있다. 다수의 매장을 관리할 수 있는 시스템이 갖춰지지 않은 상태에서 기존 경쟁업체들과 매장 수 경쟁을 하다 보니 가장 기본이 되는 커피 품질이 떨어졌다는 것이다. 2011년 9월 13일 당시 카페베네의 점포 수는 국내 최다인 660여 개였지만 매출은 최소라는 불명예를 기록하기도 하였다.

2014년 들어 카페베네의 매출액은 갈수록 줄어들어, 2012년 2,208억원에서 2014년 1,422억원으로 떨어졌다. 매출이 줄면서 부채 비율은 급증해 2014년 4/4분기에는 부채비율이 1,400%대에 이르렀고, 이어 2015년 1/4분기에는 2,431%, 2015년 2/4분기에는 2,636%를 기록하였다.

카페베네는 이탈리안 레스토랑인 '블랙스미스'와 대형 빵집 '마인츠돔', 드러그스토어 '디셈버24'를 론칭했는데, 모두 큰 성과를 내지 못하고 적자 경영에 시달리다가 매각하거나 철수했다. 전문가들은 카페베네의 이러한 무리한 사업 확장 전략으로 인하여 부채비율이 급증하여 사업에 실패하였다고 분석하였다.

출처 카페베네, 몰락에서 배운 회생의 길, 밥상머리뉴스에서 일부 수정함

경쟁이 치열한 경영 환경에서는 기업이 어떠한 전략을 수립하느냐에 따라 기업의 성패가 좌우된다. 마찬가지로 서비스 산업에서도 어떤 전략을 수립하느냐가 무엇보다 중요하다.

서비스 전략을 수립할 때는 서비스 산업의 환경적 특성과 서비스 기업의 경쟁 환경 특성을 우선 이해해야 한다.

서비스 산업의 환경적 특성은 첫째, 상대적으로 진입장벽이 낮다는 것이다. 이는 서비스 혁신이 특허를 인정받지 못하며, 서비스 기업은 대부분 노동집약적이기 때문에 경쟁자들이 쉽게 모방할 수 있다는 의미이다.

둘째, 규모의 경제를 구현할 기회가 적다는 점이다. 서비스는 생산과 동시에 소비가 이루어지므로 재고를 비축할 수 없다. 서비스가 생산과 동시에 소비된다는 것은 고객의 물리적 이동이 필요하다는 의미이다. 따라서 대량생산을 통한 규모의 경제를 구현할 기회가 적고 소규모 점포를 형성하게 된다.

셋째, 수요의 불규칙성이다. 서비스는 식당이나 놀이공원처럼 날씨, 계절, 요일, 시간 등 다양한 변수에 의해 서비스 수요가 크게 차이가 나는 경우가 많다. 따라서 수요와 공급을 맞추기 위한 서비스 능력 관리가 매우 중요하다.

넷째, 소규모 기업이라는 점이다. 서비스 기업은 소규모로 형성되는 경우가 많으므로 상대적으로 규모가 큰 기업이 구매자나 공급자인 경우 불리한 위치에 놓이게 된다.

다섯째, 제품의 혁신이 서비스를 대체하기도 한다는 점이다. 다른 잠재적 경쟁자가 탁월한 제품 혁신으로 서비스를 빼앗아 갈 수도 있다.

여섯째, 고객 충성도 확보가 중요하다. 고객 충성도는 기업의 수익성을 좌우하는 가장 중요한 변수이다. 고객 맞춤 서비스를 제공하는 회사인 경우 높은 고객 충성도를 확보할 수 있다. 이러한 고객 충성도의 확보는 새로운 기업에게 진입장벽으로 작용하게 된다.

일곱째, 퇴출 장벽이다. 소규모 기업은 수익 극대화보다는 가족과 함께 일하는 것이 목표이거나 직무 만족감에 따라 운영되기도 하므로 이익을 목적으로 하는 경쟁자가 퇴출시키기 어려운 퇴출 장벽을 가지고 있다.

이러한 서비스 산업의 환경적 특성 때문에 많은 서비스 기업들이 상당히 어려운 환경에서 경쟁하고 있다. 따라서 서비스 기업은 경쟁 환경에 대한 분석과 판단의 착오로 실패하는 경우가 빈번하다. 앞의 '카페베네' 사례에서도 알 수 있듯이 경쟁업체에 대한 견제를 위해 무리한 지점 확장이나 가격경쟁 등으로 자금 운용에 문제가 생겨 어려움에 빠지게 되는 경우를 볼 수 있다. 이처럼 서비스 산업의 환경적 특성을 고려하지 않았을 때 어려움에 처하게 되거나 결국 실패하게 되는 것이다.

고객 중심적 서비스 전략은 올바른 서비스 비전 위에 수립되어야 성공적인 전략이 될 수 있다. 서비스 비전을 올바르게 수립하기 위해서는 현재 기업의 처한 상황이나 역량, 수준 등을 고려하여 장기적으로 갖고 갈 수 있어야 한다. 먼저 누구를 대상으로 어떤 서비스를 어떻게 생산하여 어떻게 전달할 것인가? 이런 질문에 답을 하면서 전략적으로 서비스 비전이 수립되어야 한다.

[그림1-1]을 보면 전략적 서비스 비전은 4개 요인들의 상호관계에 의해 실현된다.

첫째, 세분화된 목표세분시장_{고객}을 선정하는 것이다. 서비스 기업에서는 목표시장을 세분시장으로 명확하게 정의해야만 서비스 직원의 행동을 보다 명확하게 하고 전략적인 서비스를 달성할 수 있게 된다. 저가 항공사의 등장이 목표시장을 세분화한 좋은 사례이다.

둘째, 목표 고객의 니즈에 부합하는 서비스 컨셉을 개발하는 것이다. 서비스 상품에 대해 고객에게 제공할 핵심 서비스 요소가 무엇인가를 고객 관점에서 정의해야 한다. 저가 항공사의 경우 기내식이나 부가 서비스를 최소화하고 핵심 서비스에 집중하고 있다.

[그림1-1] 전략적 서비스 비전의 구현과정

목표 세분 시장 ▶ 서비스 컨셉 ▶ 운영 전략 ▶ 서비스 전달시스템

셋째, 서비스 컨셉을 실행하는 효율적인 운영전략을 수립하는 것이다. 생산, 재무, 마케팅, 인적자원 등 기업의 핵심자원 요소와 많은 노력을 집중시켜야 할 분야를 명확히 설정한다..

넷째, 차별적인 서비스 전달시스템을 구축하는 것이다. 운영전략의 실행에 적합한 직원, 기술, 능력, 장비, 절차를 설정하는 것이다. 실제 서비스를 제공하는 프로세스, 요원 및 시설을 명확하게 해야 하는데, 고객 요구에 맞게 서비스할 수 있는 직원을 채용하는 방법, 서비스 능력을 향상시키기 위한 교육훈련, 그리고 유연한 정책이나 절차 등을 수립하여야 한다.

😃 사우스웨스트항공의 서비스 전략 사례

사우스웨스트항공Southwest Airline은 포춘지가 매년 선정하는 미국에서 가장 존경받는 기업 순위에서 기라성 같은 글로벌 기업과 어깨를 나란히 하며 2018년 8위, 2019년 11위에 오른 미국의 로컬항공사이다.

이 회사의 허브 켈러허Herbert D. Kelleher 전 회장은 "우리 회사의 항공기는 모방할 수 있다. 발권 카운터나 다른 하드웨어도 베낄 수 있다. 그러나 사우스웨스트항공의 직원과 그들의 태도만은 복제할 수 없다"라며 회사에 대한 자부심을 표현한 바 있다.

사우스웨스트항공이 [그림1-1]의 전략적 서비스 비전을 구현하기 위해 4가지 요소를 고객관점에서 어떻게 설정하고 실행했는지 정리해보면 다음과 같다.

목표세분시장

● 사우스웨스트항공은 로컬 항공사로서 미국 내의 특정한 지역을 자주 왕래하는 단거리 여행객을 목표시장으로 설정하였다. 즉, 미국 내의 워싱턴DC와 뉴욕, 보스톤, 시카고 그리고 샌프란시스코에서 LA 등을 왕래하는 비즈니스맨을 목표시장으로 설정한 것이다. 이들 목표시장의 주요한 특성이 다음 단계의 서비스 컨셉에 반영되어 있다.

서비스 컨셉

● 미국 내의 특정한 지역을 자주 왕래하는 단거리 여행객의 주요한 특성으로는 항공료에 민감하다는 점, 출발과 도착 시간 준수가 중요하다는 점, 비즈니스로 지친 몸과 마음을 편안히 쉴 수 있어야 한다는 점 등이었다. 이에 따라 항공서비스 컨셉을 '정시

출도착의 저렴하고 편안한 항공서비스로 설정하였다.

운영전략

● 서비스 컨셉을 구현하기 위한 운영전략은 다음과 같이 수립하였다.

첫째, 정시 발착과 고객 시간 절약 및 항공기 가동률 제고를 위해 비행기의 기종을 한 가지만 사용하기로 하였다. 기종을 하나로 통일하면 정비사들의 숙련도가 향상되어 정비에 소요되는 시간을 최소화할 수 있기 때문이었다. 또한 정시 발착을 위해 승객 좌석을 지정하지 않고 탑승 순서대로 뒷좌석부터 앉도록 함으로써 중간 좌석 승객의 지체로 인한 대기시간 발생을 최소화하도록 하였다.

[그림1-2] **사우스웨스트항공 CEO 허브 켈러허**

둘째, 항공요금을 낮추기 위해 기내의 음식료 제공을 최소화하고 기종을 하나로 통일함으로써 정비 관련 제반 경비도 절감되도록 하였다.

셋째, 바쁜 비즈니스로 심신이 피곤한 승객들에게 즐거움과 휴식을 제공하기 위해 객실 승무원을 유머감각이 있고 즐길 줄 아는 사람들 위주로 채용하여 승객들에게 짧은 여행시간 동안이라도 재미와 즐거움을 제공하도록 하였다.

서비스 전달시스템

● 이상의 서비스 운영전략을 실행하기 위한 전달시스템으로 사우스웨스트 항공사는 기종을 보잉 737 하나로 통일하였고, 기내 식음료는 선택적으로 제공하였으며 유머감각을 지닌 승무원을 채용하여 이들이 매력적인 유니폼을 입고 승객들에게 웃음을 줄 수 있도록 노력하였다. 특히 기내에서 다양한 안내방송을 승객들에게 제공하게 되는데 동일한 메시지를 전달하더라도 승객들에게 재미와 즐거움을 줄 수 있도록 했다. 예를 들어, 금연 안내방송을 "손님께서 담배를 피우고 싶다면 언제든지 날개 위에 마련된 테라스로 자리를 옮겨 저희가 특별히 준비한 영화 '바람과 함께 사라지다'를 즐기시기 바랍니다"라고 한 것이 좋은 예다.

고객관점에서의 4가지 기본 요소 중에서 저자가 경험적으로 판단하기에는 두 번째 요소인 서비스 컨셉이 우리나라 서비스 기업에 가장 취약한 단계라고 판단되어 서비스 컨셉에 대한 추가적인 설명을 한다.

서비스 컨셉은 고객과 서비스 접점직원이 주고받을 서비스가 어떤 것인지를 명확히 해주는 시스템 요소로 구분될 수 있다. 즉, 서비스 컨셉은 고객을 위해 산출된 결과물 측면에서 제공되는 서비스의 중요 요소는 무엇인지, 이러한 요소들은 목표시장 세분화에 의해 어떻게 인식되어야 할 것인지 등의 문제를 해결해 준다.

따라서 많은 연구자는 서비스 컨셉을 구조적 요소와 관리적 요소로 구분하였다. 구조적 요소에는 전달 시스템, 위치, 시설 설계, 서비스 능력 계획이 있으며, 관리적 요소에는 서비스 접점, 품질, 서비스 공급능력과 수요관리, 정보 등을 포함하고 있다.

😊 숄다이스병원의 서비스 전략 사례

서비스 컨셉을 설명할 수 있는 대표적인 사례는 캐나다 온타리오 주에 있는 숄다이스병원을 들 수 있다. 이 병원은 세계적인 탈장 전문병원이다. 탈장이란 선천적이거나 후천적인 원인으로 신체의 장기가 제자리에서 벗어나 복부를 통해 돌출되거나 빠져나오는 것을 말한다.

'가족 친화적인 탈장 전문병원'이라는 서비스 컨셉을 강조하는 숄다이스병원의 운영전략을 살펴보면 숄다이스병원은 탈장만, 그것도 외부 탈장inguinal만 다룬다. 즉, 다른 병과 복합 증상이 나타나는 환자는 좀 더 큰 종합병원으로 보내진다. 환자들은 신상에 대한 모든 의학정보를 예약신청시 단 한번만 제공한다.

[그림1-3] 함께 모여 이야기를 나누고 단체 체조를 하는 숄다이스병원의 환자들

신청자들은 위험요소인 비만검사를 받게 되며, 필요한 경우 재검사를 받기 전에 체중을 줄여야 한다. 여기서 숄다이스병원이 '시장 집중화'와 '운영 집중화'라는 두 마리의 토끼를 잘 활용했다는 것을 알 수 있다.

탈장 분야의 의사 전문성을 세계 최고 수준으로 유지하기 위하여 한 명의 의사가 수술을 주도하기 위해서는 다른 의사의 보조의로 수술에 100회 참여하여야 하며, 그 이후 100회의 수술을 베테랑 의사가 보는 앞에서 진행해야 한다. 12명의 전문의사가 연간 7,500건의 수술을 진행하니 이 요건을 단기간에 채울 수 있다.

이렇게 관리한 결과 치료 성과는 매우 탁월하다. 수술 후 재발은 0.8%로 일반병원의 10~15%의 재발률에 비해 매우 낮은 재발률을 보인다. 또한 수술이 끝난 환자와 보호자는 의사, 간호사와 함께 식사를 할 수 있어 수술 후의 궁금증을 이 시간을 통해 해소할 수 있도록 하고 있다.

수술 전이건 수술 후건 담당의사와 만날 수 있는 시간이 제한적인 우리나라 의료시스템과 대비되는 서비스라고 할 수 있다. 수술 후 환자들은 휴게실에 모여 함께 회복 운동을 하게 되며 하루 두 번의 집단 체조와 계단 이용을 권장한다. 또한 환자 간 정보를 공유할 수 있게 하고 심지어는 퇴원 후에도 커뮤니티를 구성하여 수술 경험과 질병 정보를 다른 예비 환자들과 공유하도록 하고 있다.

이러한 숄다이스병원의 모든 노력은 최고의 탈장 전문병원으로서 명성을 얻게 되는 전략적 서비스 컨셉이다.

EXCELLENT SERVICE

제 2 장

서비스의
본원적
경쟁전략

편의점 과일 인기… CU, 겨울 체리 등 컵과일 확대

최근 편의점표 과일의 인기가 높아지고 있는 가운데, CU가 겨울 딸기에 이어 겨울 체리를 선보이며 과일 라인업 강화에 나선다.

17일 CU에 따르면 과일 매출은 2017년 16.3%, 2018년 13.2% 신장하며 매년 두 자릿수 신장률을 꾸준히 성장해오다. 지난해에는 전년 대비 41.5%나 매출이 훌쩍 뛰며 역대 가장 큰 폭으로 신장했다. 이렇듯 편의점 과일이 빠르게 자리 잡고 있는 것은 CU의 입지별 차별화 상품 전략이 적중했기 때문이다. 주택가 입지에서는 3~4인 가족 단위 소비자들을 중심으로 대용량 과일들을, 기존 편의점 과일 매출을 이끌던 오피스 입지에서는 소용량 과일들을 중점적으로 도입하며 매출 쌍끌이를 하고 있다. 실제로 CU가 최근 3개월10~12월 매출을 분석해 본 결과, 주택가 입지에서는 반값 사과·바나나 등 대용량 과일1팩 이상 매출이 전년 동기 대비 42.1% 신장했고, 같은 기간 동안 오피스 입지에서는 컵과일 등 소용량 과일 매출이 23.2% 늘었다. 이에 맞춰 CU는 주택가 입지의 고객들을 위한 초특가 대용량 과일 시리즈를 선보인데 이어 오피스 입지 고객들을 위한 소용량 과일들도 강화한다. CU는 기존 마트, 백화점에서 대용량으로 판매되던 칠레산 체리를 이달 16일 컵과일로 출시했다. 해당 상품은 가방에 쏙 들어가는 테이크아웃 커피잔 사이즈로 고객들이 어디서나 간편하게 세척할 수 있도록 용기 바닥에 물 빠짐 구멍을 내 편의성도 높였다. 이외에도 CU는 샤인머스캣, 방울토마토 등을 컵과일 형태로 판매하고 있으며, 고당도 프리미엄 과일을 선호하는 고객들을 겨냥해 페루산 적포도 등으로 소용량 과일 라인업을 확대할 계획이다.

BGF리테일 신선식품팀 이나라 MD는 "입지에 따라 고객들의 니즈가 다르기 때문에 이를 분석해 차별화된 상품을 출시 및 진열하는 핀셋 전략이 CU 과일 카테고리의 성공 요인"이라며 "앞으로도 CU는 뛰어난 접근성을 활용해 계절과일과 프리미엄 과일들을 지속적으로 선보이며 생활 밀착형 플랫폼으로 자리매김할 것"이라고 말했다.

출처 파이낸셜 뉴스의 생활경제, http://www.fnnews.com/news에서 발췌

"전략의 핵심은 경쟁자와 어떤 활동들을 다르게 수행 할 것인가를 선택하는 것이다."

M. E. Porter

서비스 기업은 다른 산업에 비해 진입 장벽이 낮은 특성으로 경쟁이 치열한 가운데 있다. 지속적으로 성장하거나 새롭게 성공적으로 등장하는 기업들이 있는 반면 자연스럽게 도태되거나 사라지는 기업들이 있다. 실패하는 기업들은 시장의 흐름을 읽지 못했고 다른 기업들과 경쟁우위도 확보하지 못했던 것으로 분석되었으며 경쟁전략의 개념조차도 없었던 기업도 있었다. 확실한 경쟁우위가 없이 애매모호한 상태가 되지 않으려면 어떻게 해야 할까?

서비스 기업도 마이클 포터 교수의 본원적 경쟁전략을 알고 경쟁우위를 차지해야 한다.

마이클 포터 하버드대 교수는 그의 저서 「경영전략」에서 경쟁우위를 차지하기 위한 본원적 경쟁전략 모형을 제시하였다.

본원적 경쟁전략이란 산업 내에서 효과적인 경쟁우위를 확보하기 위한 일반적 형태의 전략 유형을 의미한다. 이는 원가우위 전략, 차별화 전략, 집중화 전략으로 구분된다.

[그림2-1] 마이클 포터의 본원적 경쟁전략 유형

	저원가 **경쟁 우위**	차별화
넓은 영역	원가우위 전략 Cost Leadership	차별화 전략 Differentiation
경쟁 영역 좁은 영역	원가 집중화 Cost Focus	차별적 집중화 Differentiation Focus

자료 Competitive Advantage(Michael E. Porter), Free Press, 1985

• 원가우위 전략 Cost Leadership •

원가우위 전략은 '저원가 전략' 또는 '원가주도 전략'이라고도 하며 서비스에 소요되는 원가를 줄이고 서비스의 가격을 낮춰서 경쟁우위를 확보하는 전략이다. 즉 자신이 속한 산업에서 다른 기업보다 저렴한 제품 및 서비스를 제공하여 비용 측면에서 우위를 차지하는 전략이다. 한마디로 저원가를 달성하여 가격적인 우위를 가져가겠다는 것이고, 이는 차별화 측면에서 경쟁 기업에 비해 적어도 비슷한 수준을 유지해야 한다는 것을 유념해야 한다.

국내 자동차 회사가 해외에 수출할 때에 저가전략과 이벤트를 많이 하는 것과 월마트 상품의 저가전략 등이 여기에 해당한다고 할 수 있다.

[그림 2-2]와 같이 이마트가 대량구매를 통해 '국민가격'이라는 이름으로 저가전략을 세우고 있으며, 많은 대형마트들이 '1+1 행사' 같은 가격인하 전략을 추진하고 있다. 이커머스 시장에서도 마찬가지로 최저가 가격경쟁을 통해 경쟁우위를 차지하려는 노력이 펼쳐지고 있다. 원가우위 전략은 강력한 경쟁우위를 가져갈 수 있다는 장점도 있지만, 더 저렴하게 판매하는 기업이 나타나게 되면 낭패를 보게 되는 상황을 맞게 되어 어려움을 겪게 된다는 단점도 있다. 따라서 저원가 전략을 달성하기 위해서는 최신 장비를 갖추기 위한 자본 투자, 공격적인 가격정책, 시장점유율 확보를 위한 초기 손실 등이 필요하다.

이러한 원가주도 전략은 산업 전체의 혁신을 일으킬 수 있으며, 다음의 다양한 원가우위 전략을 통해 원가를 주도할 수 있다.

[그림2-2] **이마트 국민가격 행사**

엑설런트 서비스

- 저가격 고객을 찾는다.
- 고객 서비스를 표준화한다.
- 서비스 전달 과정에서 인적 요소를 줄인다.
- 네트워크 비용을 감소시킨다.
- 오프라인 서비스 운영을 활용한다.

· 차별화 전략 Differentiation ·

차별화 전략은 기업의 품질이나 기능, 기술, 상품특성, 고객서비스, 디자인, 상표이미지, 입지 및 영업망 등 다양한 원천을 사용하여 소비자에게 독특하고 차별화된 서비스를 제공함으로써 경쟁기업에 비해 우위를 확보하는 전략이다.

"디자인은 디자이너에게 맡기고 엔지니어는 그 디자인에 맞게 만든다"라는 말처럼 기술 이외의 디자인 측면을 강조하여 차별화에 중점을 둔 애플, 전문 커피 마스터가 엄격하게 선별된 최고급 원두로 직접 스페셜티 경험을 제공하는 스타벅스 리저브 등이 좋은 사례이다. 차별화 전략의 주요 목적은 충성고객의 창출에 있다. 해당 기업이 제공하는 서비스가 고객들에게 독특하거나 유일하다는 인식을 갖도록 하는 것이다.

차별화의 주요 유형은 기술혁신에 기초한 차별화와 마케팅에 기초한 차별화로 나눌 수 있다. 기술혁신에 기초한 차별화는 상품의 품질이나 기능을 차별화하는 것이고, 마케팅에 기초한 차별화는 기업의 이미지, 브랜드 가치, 독특한 유통 등에 의한 유형이다.

차별화 속성은 차별화에 소요되는 추가적인 비용이 차별화로 인해 더 받을 수 있는 가격보다 크다면 경쟁에서 이길 수 없다. 차별화 전략의 경우 차별화된 영역 이외의 다른 영역에 대해서는 경쟁사보다 원가를 더 낮추거나 비슷하게 유지하려는 노력이 필요하다. 하지만 차별화 속성에 대해 고객이 그 가치를 높게 평가할 경우 경쟁사들이 적극적으로 모방을 할 가능성이 높다. 따라서 차별화를 통한 경쟁우위를 지속적으로 유지하기 위해서는 아래와 같은 다양한 접근 방법을 통해 새로운 차별화 속성을 만들어가는 기업의 노력이 뒷받침되어야 한다.

- 무형적 요소를 유형화한다.
- 표준 제품으로 고객화한다.
- 인식된 위험을 감소시킨다.
- 서비스 종업원의 훈련에 관심을 기울인다.
- 품질을 통제한다.

엑설런트 서비스

H호텔의 차별화 전략 사례

　지난해 여름, 저자는 인천에 있는 H호텔로 부모님을 모시고 1박 2일 호캉스를 다녀왔다. 호텔에 도착하여 체크인을 하려는데 휴가철 패키지 이용 고객이 많아서인지 프런트 앞으로 줄이 꽤 길었다. 여유 있는 분위기를 기대했는데 왠지 불안한 기분이 들며 잘못 온 게 아닌가 생각하고 있는 그 때 컨시어지 직원들이 나와 프런트 직원들과 협력해서 체크인을 도와주었다. 직원들의 빠른 대처와 미소를 잃지 않은 모습에 잠시 가졌던 불안감이 안도감으로 바뀌었다. 그렇게 체크인을 하고 1박2일 편안하게 지내고 돌아왔다.

　그리고 이틀 뒤에 호텔로부터 서비스 만족도 조사를 위한 이메일을 받았다. 의례적인 서비스 만족도 조사라고 생각하며 항목을 체크했다. 서비스는 전반적으로 만족해서 10점 만점에 10점 또는 9점을, 하지만 식사와 관련된 항목에는 낮은 점수 6점을 체크하였다. 서머 패키지 행사로 인해 아침 식사가 아이들을 고려한 메뉴로 구성되어 있었다. 호텔 조식을 내심 기대하셨던 부모님이 잘 드시지 못하셔서 죄송한 기분이 들었던 식사였다. 응답 메일을 보낸 다음날 다시 이메일이 왔다. 6점을 주신 부분에 대해 죄송스럽게 생각하며 그 이유를 말씀해주시면 좋겠다는 것이다. 답변을 보내지 않자 다시 한 번 더 이메일이 왔다. 이렇게 H호텔로부터 메일을 받고 피드백을 보내고 하는 과정을 통해 진정으로 고객의 의견을 귀담아 듣겠다는 의지가 느껴졌다. 일반적으로 서비스 만족도 조사는 한 번의 응답에서 그치는데 비해 H호텔은 고객이 응답한 점수의 이유까지 듣고자 한 번 더 메일을 보낸다. 그것은 고객의 피드백을 소중하게 여기고 고객이 실망한 부분을 찾아내어 개선하겠다는 의지를 보여줌으로써 '내가 중요한 고객이었구나'하는 기분 좋은 경험을 제공해준 것이다. 그래서 다시가고 싶어지고 기회가 될 때마다 적극적으로 추천하게 된다.

H호텔이 제공한 서비스는 새로운 것은 아니었다. 경쟁 서비스기업들도 하고 있는 서비스 만족도 조사지만 고객의 생각을 더 잘 알기 위해 조금 더 노력을 기울인 것이다. 서비스 차별화 전략이 꼭 새로운 것, 이전에 없었던 것을 만들어야만 하는 것은 아니다. 지금 실행하고 있는 서비스를 고객 입장에서 한 번 더 생각해보고 실행할 때 경쟁기업과 차별화할 수 있는 전략이 나올 수 있다.

😊 김민영 왕호떡의 차별화 전략 사례

주변에 사업 실패로 어려움을 겪다가 재기해서 성공한 사례들이 많이 있지만 '김민영 왕호떡'만큼 서비스 차별화 전략으로 성공한 사례를 찾기는 힘들 것이다.

김민영 왕호떡의 김민영 회장은 한때 주식으로 12억 원을 잃고

[그림2-3] 김민영 왕호떡 회장

극단적인 선택을 고민하다가 호떡으로 재기한 사업가이다. 김민영 왕호떡은 어떤 차별화 전략으로 전국에 130여 개의 체인을 보유하고 점포당 평균 월 700~800만 원의 매출을 올리고 있을까.

먼저 김민영 회장은 주식투자로 알거지가 된 후, 초기 사업비용이 가장 적게 들어가는 호떡집을 오픈하면서 "남들하고 똑같으면 죽어버려라"라는 매우 극단적인 사업 차별화를 결심했다. 하기야 이 사업마저 실패하면 더 이상 살아갈 가치가 없다고 판단했으니 매우 자극적인 결심을 하게 된 것이라 생각된다.

김 회장은 다른 호떡집과 똑같지 않기 위해 구체적으로 품질 차별화와 서비스 차별화를 결정하였다. 품질 차별화는 호떡에 들어가는 재료의 품질을 높이기 위해 일반 호떡집보다 더 나은 재료를 사용하였으며, 서비스 차별화로는 대다수 호떡집의 영세성과 비위생적 환경과는 달리 본인이 나비넥타이를 매고 청결한 환경을 유지하도록 노력하였다.

　사업초기에 고객 한 명이 카드결제를 요구한 적이 있었는데 "천 원짜리 싸구려 호떡을 사면서 무슨 카드결제를 요구하느냐?"라 고 화를 내지 않고 카드결제기를 준비하지 못한 점을 사과하며 외상으로 결제하도록 한 후 즉시 카드결제기를 준비함으로써 고 객감동을 실천하였다. 이것은 김민영 회장 본인이 "단순히 호떡 을 파는 사람이 아닌 가치와 서비스를 파는 사람"이라고 서비스 차별화를 했기 때문에 가능한 일이었다.

• 집중화 전략 •

　집중화 전략은 기업의 자원이 한정되어 있을 경우 성격이 분명 한 목표 시장에서 시장점유율을 확대하려는 전략이다. 이러한 전 략은 기업이 해당 산업 내에서 경쟁우위를 확보하지는 못하지만, 제한된 목표시장 안에서는 확고한 경쟁우위를 확보할 수 있다. 이 는 특정 요구를 가지는 고객층을 대상으로 매우 이상적인 서비스 를 제공한다는 컨셉을 지향하기 때문이다. 집중화 전략은 고가 나 저가와 같이 특정 가격대의 제품과 서비스에 초점을 맞추기도 한다. 프랜차이즈 커피 전문점인 이디야가 대표적인 사례이다.

😊 이디야의 집중화 전략 사례

이디야는 국내 커피 전문점 중 처음으로 매장 2천 점을 돌파했다. 이디야가 매장 1천 점을 돌파한 것도 국내 최초인데, 그 시점은 2013년 11월이다. 창업을 2004년에 했으니 1천 점을 돌파하는 데 10년이 걸린 셈이다. 그런데 2천 점을 돌파하는 데는 채 3년이 걸리지 않았다. 그러면 이처럼 경쟁사를 압도할 수 있는 이디야의 전략적 차별성은 무엇일까. 그것은 한마디로 가성비가격대비 성능비라고 할 수 있다.

이디야 커피는 스타벅스·투썸플레이스·커피빈 등 경쟁 업체와 비교할 때 최소 30% 정도 저렴한 가격에 즐길 수 있다. 그러나 가

[그림2-4] 이디야의 성공 비결

	커피 전문점 이디야의 성공 비결
1	**이디야 매장 수 2000점 돌파(국내 최대)** 하지만 폐점률은 1% 불과(업계 10분의 1)
2	**강력한 가성비** 30% 저렴한 가격에 유사한 품질의 커피 제공
3	**서브 스트리트 전략** 커피 브랜드 중 브랜드 파워가 가장 높은 스타벅스 매장 근처를 입지로 함. 그 대신 스타벅스의 임차료보다 30% 저렴한 곳에 입주함
4	**소규모 매장 전략** 모든 매장을 50~63㎥(15~25평)의 소규모로 구성, 테이크아웃 전문 형태로 고객의 체류 시간 낮춰
5	**프랜차이즈 로열티를 정액제로** 월 28만 원에 불과, 가맹점주의 부담을 최소화함

격을 낮추고 이익을 창출하지 못한다면 이는 바람직한 전략이라고 할 수 없다.

이다야는 이익을 창출하며 가격을 낮출 수 있는 전략을 동시에 구사하고 있다. 우선적으로 비용을 낮추기 위한 전략을 활용하는데 대표적인 것이 '서브 스트리트' 전략이다.

즉, 메인 스트리트에 매장을 내기보다 임대료와 보증금이 상대적으로 저렴한 한 블록 정도 뒷길에 매장을 오픈하는 전략이다. 이렇게 부동산 비용이 30% 정도만 저렴하게 되어도 충분한 가격 경쟁력을 가질 수 있다.

😊 다이소의 집중화 전략 사례

가성비에 집중해 성공적으로 사업을 운영하는 또 다른 사례로 다이소를 들 수 있다. 2019년 다이소의 매출은 약 2조 원에 육박하고 매장은 1천3백여 개에 달한다. 다이소 매장을 찾는 고객도 하루에 60만 명에 이르고 있다.

1997년 출범한 이후 연평균 30%에 가까운 큰 폭의 성장세를 지속하고 있다. 다이소가 사업을 시작한 시점은 IMF 외환위기 당시로, 이를 기점으로 많은 저가 숍 형태의 유통 모델이 등장했다.

그러나 이 중 다이소만이 현재까지 독보적으로 승승장구하고 있다.

[그림2-5] 다이소의 성공 비결

	잡화점 다이소의 성공 비결
1	매출 1조 2480억원, 매장 1090개, 1일 고객 60만 명, 연평균 30% 성장
2	**품질 최우선** 기존의 '천원샵' 등의 품질이 조악했다면 가격 대비 최고의 품질을 고름 →한국 생산 비율이 50% 넘어, 화장품·문구류·식품 등은 100% 한국 생산 →처음 론칭할 때 총 4단계의 까다로운 품질 검증 과정 거침. 3만 개의 제품을 회장이 직접 검증
3	**협력사 우대** 제품의 단가를 낮추기 위해 500개의 협력사와 직거래. 특히 협력사에는 장기 계약 및 현금 지급
4	**원가 절감 및 물류 혁신** 포장 디자인을 최소화하는 등 원가절감, 국내 최대의 자동화 물류센터를 도입해 물류 분야에서 가격을 낮춤

다양한 집중화 전략 사례

이밖에도 다양한 형태의 집중화 전략 사례가 있다. 집중화 전략은 한정된 시장을 대상으로 하기 때문에 사업의 규모가 제한적일 수 있다. 하지만 작게 시작해 성공 가능성을 확인한다면 그때 얼마든지 사업을 확장할 수 있다. 오히려 환경이 급변하고 불확실성이 증대될수록 더 관심을 가져야 하는 경영전략이라고 할 수 있다.

병·의원도 집중화 전략을 통해 전문 과목을 특화하는 것을 볼 수 있다. 허리디스크 전문병원, 치질 전문병원 등과 같이 특정 서비스 분야에 집중하는 경우가 대표적이다.

예를 들어, 국내 성형외과와 피부과는 한류 바람을 타고 급격하

[그림2-6] 병·의원의 전문화

지 방 흡 입 은
의 료 진 의 시 술,
경 험 이 중 요 합 니 다!

SAL
핸드메이드
정밀하게
시술
+
미세 케뉼라로
흉터
최소화!
+
고난도 시술
위해 하루
2명 집도!

피부과 전문의 치료
논현동
발톱무좀

성장하는 세계 바이오 물류 시장
(단위: 억달러) ※2018년, 2020년은 전망치

725 / 788 / 858 / 938

2014년 / 2016 / 2018 / 2020

자료 MS헬스

게 늘어나면서 운영에 어려움을 겪는 병원들이 많아졌다. 하지만 그 가운데 건재한 병원들은 집중화 전략을 펴오고 있었다. 피부과에서는 탈모, 무좀, 아토피 등으로 세분시장에 집중하고 있으며 성형외과도 코 전문, 비만 전문 등으로 세분시장에 숙련된 기술로 경쟁력을 높이고 있다. 집중화 전략은 좁은 목표시장을 서비스하는 기업이 넓은 시장을 서비스하는 회사보다 더 효율적이거나 효과적일 수 있다는 전제를 기반으로 한다. 국내의 대형 택배 회사들의 경쟁이 치열한 상황에서 특수의약품 배송만을 전문으로 하는 택배회사의 이익률이 높은 것이 대표적인 집중화 전략의 성공 사례이다.

집중화 전략은 원가주도 전략과 차별화 전략의 응용으로도 볼 수 있으며, 기업은 보다 낮은 비용으로 고객의 욕구를 더 잘 충족시킴으로써 좁은 목표시장에서 차별화를 달성하는 것이 중요하다. 집중화 전략은 좁은 목표시장에 집중하면 광범위한 시장을 대상으로 서비스하는 것보다 목표시장 내의 차별적 요구는 더 낮은 비용으로 충족시킬 수 있다는 것이다. 그러나 전략적으로 선택한 목표 세분시장의 요구 특성이 전체 시장의 요구 특성과 큰 차이가 없을 경우 집중화 전략 자체가 무의미하게 된다.

집중화 전략이 성공하기 위한 가장 중요한 전제는 목표 고객에 대한 명확한 세분시장이 존재해야 하며, 특정한 세분시장에 숙련된 자원과 기술을 갖고 특정 목적에 적합한 조직체계를 갖추고 있어야 한다.

본원적 경쟁전략을 이해하고 고객의 욕구와 가치 변화를 잘 파악하여 경쟁우위를 차지할 수 있는 서비스 전략을 세워야 할 것이다. 트렌드 코리아 2020에서 발표한 라스트핏 이코노미, 스트리밍 라이프, 특화생존, 편리미엄 등의 트렌드에 맞춰 경쟁우위를 차지하는 서비스 기업들을 보면 이러한 본원적 경쟁전략을 잘 활용하고 있는 것을 볼 수 있다.

2

엑설런트 서비스
**EXCELLENT
SERVICE**

제2부

엑설런트
서비스의 조건 I
서비스의 과학적 접근

제3장

서비스
인카운터 관리

서비스 접점의 중요성을 강조하는 서비스 경영으로 적자에 빠진 기업을 흑자기업으로 전환시킨 기업이 있다. 바로 스칸디나비아항공SAS으로 1979~1980년에 3,000만 달러의 적자를 내었으나 1년 만에 흑자로 돌아섰고, 1983년에는 올해의 최우수 항공사로 1996년에는 고객서비스 최우수 항공사로 선정되었다.

당시 SAS의 얀 칼슨 사장은 "1년에 1천만 명의 우리 고객이 서비스를 받기 위해 평균 5회 정도 우리와 만나는데 평균 15초 정도 소요된다. 이 15초 동안의 짧은 순간이 모여 고객의 만족, 불만족을 결정하며 이에 의해 충성고객을 만드느냐 고객을 떠나보내느냐가 정해진다."고 하였다.

얀 칼슨 사장은 MOTMoment Of Truth 또는 결정적 순간이란 개념을 소개하기 위해 불결한 트레이의 예를 자주 들었다. 고객이 자신의 음식 트레이가 깨끗하지 못한 것을 본다면 그 순간 비행기 전체가 불결하다고 느끼게 된다는 것이다. 이처럼 MOT는 극히 짧은 시간이지만 고객의 인상을 좌우하는 중요한 순간이라고 강조하며 이미지뿐만 아니라 사업의 성공까지 좌우하게 된다고 말했다고 한다. 결국 1년 만에 회사가 적자에서 흑자로 벗어나는 계기를 마련하였다.

얀 칼슨은 서비스기업의 본질은 물적 자산의 집합이 아니라 일선직원들이 개별 고객에게 순간순간 제공하는 서비스품질이라고 강조하였다.

출처 안연식 저, 서비스경영, 창명, p.274.

• 서비스 최전방 '서비스 인카운터' •

서비스 전달의 최전방이라고 할 수 있는 서비스 인카운터는 고객과 서비스 조직이 만나는 '서비스 접점'으로서 매우 중요한 부분이다. 서비스 인카운터에서 받은 인상이 구매 결정에 영향을 주게 되며, 서비스 기업에 대한 고객의 평가가 이뤄지는 순간이기도 하다. 이러한 순간을 '진실의 순간MOT : Moment Of Truth'이라고 한다.

'진실의 순간'은 투우경기에서 나온 용어로 스페인의 마케팅 학자인 리차드 노만R.Norman,1984에 의해 소개되었다, 얀 칼슨 Jan Carlzon,1987이 MOT 개념을 도입하여 스칸디나비아항공의 서비스 혁신이 성공하였고 이 내용을 기반으로 「Moment Of Truth」라는 책을 펴내면서 세상에 알려지게 되었다.

일반적으로 MOT는 고객이 직원과 접촉하는 순간에 발생하지만 '광고를 보는 순간'이나 '배송 상품을 받는 순간', '전화를 거는 순간' 등과 같이 조직의 여러 자원과 직접 또는 간접적으로 접하는 순간이 될 수도 있다. 이 결정적 순간들이 하나하나 쌓여 서비스 전체의 품질이 결정된다. 따라서 서비스 인카운터의 직원뿐만 아니라 서비스 기업의 모든 담당자들이 함께 MOT의 중요성을 인식하고 관리할 수 있어야 한다.

서비스 경쟁은 점점 더 치열해지고 있고 고객은 모든 정보를 쉽고 빠르게 얻을 수 있는 시대에 살고 있다. 서비스 인카운터는 서비스에 대한 만족과 불만족을 빠르게 결정짓는 순간이 되었고, 기업의 생존과 직결된 곳이 되었다고 해도 과언이 아니다.

Surprenant & Solomon(1987)은 서비스 인카운터를 정의하는 데 있어 고객과 서비스 제공자 간의 '동적인 상호관계Dynamic Interaction'가 이루어지는 곳이라고 하였다.

서비스 인카운터에서
• 직원의 행동이 구매를 좌우한다 •

저자가 ○○화장품 로드샵 매장에 들렀을 때 일이다.

한 고객이 "저기요. ○○수분크림이 어디 있어요?" 물었다. 2명의 직원이 있었지만 대답하는 직원이 없었다. 그러자 그 고객은 더 크게 재차 물었고, 그제야 카운터 쪽에 있는 직원이 "거기 아래쪽에 있어요" 하고 대답했다. 그런데 고객은 제품을 찾지 못하는지 다시 "어디요? 안 보이는데…"라고 하자 그때서야 직원이 신발 끄는 소리를 내며 다가와 제품을 꺼내 고객의 쇼핑 바구니에 던지듯이 넣고는 휙 돌아서 다시 카운터로 갔다.

당시 매장에 있던 나는 그 상황을 보고는 조용히 매장을 나와서 길 건너편에 있는 다른 ○○화장품 매장으로 갔다.

그 곳에서 립스틱을 사려고 이것저것 발라보는데, 원하는 색의 립스틱을 찾기 어려웠다. 한참이나 테스터를 발라보고 있는 나를 보았는지 직원이 "립스틱 고르기 어렵죠?"라고 말하며 다가왔다. 나의 이야기를 듣고는 립스틱 몇 개를 골라서 자신의 손등에 발라 보이며 "고객님이 찾으시는 색과 완전히 똑같지는 않지만, 립밤과 함께 사용하시면 원하시는 색을 만들 수 있을 거예요"라고 말해주었다. 나는 그날 이 매장에서 립스틱은 물론 다른 제품들도 구매했다.

이렇듯 서비스 인카운터에서 직원의 행동은 고객을 쫓아버리기도 하고, 반대로 고객에게 즐거운 서비스 경험을 제공하여 구매와 재방문으로 이어지게 만든다.

• 서비스 인카운터는 어떻게 관리해야 하나 •

서비스 인카운터를 구성하는 요소를 알고 서비스 인카운터에서 일어나는 상호작용을 이해하자. 서비스 인카운터는 물리적 환경, 제공 조직과 직원, 고객, 이 세 가지 요소로 구성되어 있다.

엑설런트 서비스

고객만족을 창조하는 서비스 인카운터 관리를 위해서는 이 세 가지 요소가 유기적으로 잘 협력하여야 한다.

첫 번째 요소인 물리적 환경 요소는 주변 요소, 디자인 요소, 사회적 요소 세 차원으로 세분화 된다. 주변 요소는 기온, 조명, 음악과 같은 비시각적 배경들로 구성되어 있다. 디자인 요소는 시각적 특징을 갖고 있는 점포 환경이다. 사회적 요소는 점포 내에 있는 인적 구성 요인으로 고객과 서비스 직원으로 구성된다.

두 번째 요소는 제공 조직과 직원으로 고객과 직원의 상호작용 관계는 고객 평가에 중요한 역할을 하며 직원의 특정행동은 서비스 품질과 만족도에 영향을 주게 된다. 그러므로 서비스 조직은 서비스를 제공하는 접점의 직원들이 서비스 전달에 집중할 수 있도록 지원해야 한다. 먼저 채용단계에서 고객을 응대하는 직원들을 잘 선발하여 교육 및 훈련을 주기적으로 제공하여야 한다.

세 번째 요소인 고객 요소는 서비스 환경에서 다른 고객의 출현, 행동 및 인식으로 인해 영향력을 결정하게 된다는 것이다. 동일한 서비스 환경에서 다른 고객의 행동은 고객에게 영향을 주고, 고객 사이의 상호작용은 서비스 만족에 영향을 주기 때문에 직원은 이러한 상호작용에 신경을 써야한다.

세 가지 서비스 인카운터 요소가 고객에게 긍정적으로 인식될 때 고객의 서비스 경험 가치는 높아지게 된다.

• 서비스 인카운터의 품질을 잘 유지하려면 •

　서비스 인카운터 관리를 통해 서비스 품질을 개선하고 향상시키려면 현재 수준을 측정할 수 있어야 한다. '측정할 수 있으면 개선할 수 있다'는 말은 반대로 '측정할 수 없으면 개선할 수 없다'는 의미로 해석되듯이 서비스 품질도 측정할 수 있어야 개선하고 향상시킬 수 있다.

　전반적인 서비스품질 평가 방법으로 한국고객만족지수NCSI, 한국서비스품질지수KS-SQI, 한국산업의 고객만족도KCSI, SERVQUAL 모형을 사용하고 있다. 그러나 평가 항목이 포괄적이어서 각 서비스 인카운터의 품질을 평가하기에는 한계도 있다.

　구체적인 서비스 인카운터 품질 측정을 위해 활용할 수 있는 방법으로 '서비스 인카운터 지수Service Encounter Index : 이하 SEI'를 개발한 연구가 있다. SEI를 활용하여 백화점과 병원의 주요 서비스 인카운터 품질을 고객 입장에서 평가하였고, 백화점과 병원의 중요 서비스 인카운터의 실제적인 서비스품질 수준을 파악할 수 있었다.

　SEI 모형에서는 서비스 인카운터 주요 요소를 인적사람요소, 프로세스절차요소, 장비·도구시설요소 세 가지로 보았다. 세 가지 요소에서 평가하는 주된 항목들은 다음과 같다.

업종에 따라 평가항목의 차이가 있겠지만 인적 평가는 맞이인사, 용모복장, 언어사용, 경청, 고객에게 집중하는 정도를 측정한다. 프로세스절차 평가는 신속한 업무처리, 대기시간, 적절성, 업무이해, 전문성 등을 측정하며, 장비·도구시설 평가에서는 청결, 정리정돈, 용이성, 이용편리성, 안락함 등을 측정한다.

• 좋은 태도를 가진 서비스 직원을 육성하라 •

서비스 인카운터에서 가장 중요한 요소는 인적 요소이며 좋은 서비스 태도를 가진 직원을 육성해야 한다.

한비자에 나오는 '구맹주산狗猛酒酸'의 풀이에서 보듯이 "매장 입구의 사나운 개로 인해 손님이 들어올 수 없으니 술이 안 팔려 술이 쉬어버린다"는 이야기처럼 서비스 인카운터의 불친절한 직원은 우리 기업을 찾아 온 고마운 고객을 쫓아버리는 일을 하는 것이다.

무엇보다 서비스 인카운터 관리의 첫째는 인적 관리이다. 즉 서비스 접점직원을 잘 육성하는 것이다. 최상의 서비스를 제공하는 리츠칼튼 호텔의 고객서비스는 서비스 직원들의 자발적인 고객만족 서비스로 유명하다.

- 매주 '와우 스토리' 시상
- 호텔 직원은 하인이 아니다
- 신사숙녀를 모시는 신사숙녀
- 분실한 반지를 끝내 찾아주고 세탁물 단추도 알아서 수선
- 현장 직원들이 가장 중요 재량권을 갖고 당당히 서비스

이것은 리츠칼튼과 관련된 이야기들이며, 리츠칼튼을 이용한 많은 고객들이 기분 좋은 경험을 했다고 한다.

리츠칼튼의 직원들은 어떻게 서비스 인카운터에서 최상의 서비스를 실천할 수 있었을까? 리츠칼튼과 경쟁기업과의 차이점은 직원들이 서비스의 단순화 요소를 꾸준히 실천하는 자세에 있다고 한다. 서비스 단순화 요소는 다음과 같다.

첫째, 따뜻하고 진심어린 인사를 하며 이름을 부른다. 둘째, 모든 고객의 욕구를 예상하고 충족시킨다. 셋째, 고객의 이름을 부르고 따뜻하게 작별을 고한다.

다른 서비스 기업도 서비스 교육을 통해 이 세 가지 사항을 강조하고 있지만, 직원이 자발적으로 꾸준히 실천하는 것은 쉬운 일이 아니다. 애플·MS·디즈니도 "서비스는 리츠칼튼 처럼"을 강조하고 있다. 따라서 사람들을 좋아하고 진심으로 고객을 생각하는 태도를 가진 직원을 선발해야 한다.

[그림3-1] 리츠칼튼 호텔의 크레도 카드

리츠칼튼의 모든 임직원이 갖고 다니는 '크레도(credo-信條)카드'. 애플스토어가 배워간
'서비스의 3단계'를 비롯해 '12가지 서비스 가치' '직원에 대한 약속' 등 5가지 '황금표준'이 적혀있다.

• 고객을 배려한 서비스 프로세스를 구축하라 •

서비스를 이용하면서 오래 기다리거나 번거로움 때문에 불만
을 제기하거나 서비스에서 이탈해 본 적은 없었는가?

업무 프로세스나 습관적인 관행에 따라 고객의 수고와 기다리
는 시간을 당연하다고 여기고 있지는 않았는지 생각해보자. 고객
은 서비스를 이용하기 위해 애쓴 수고와 시간이 헛되이 버려진다
고 여겨지면 실망하거나 화를 내고 떠나가 버린다.

비효율적인 업무 프로세스나 장비, 시설의 문제로 고객의 불만
이 발생하는 상황에서 직원들만 친절하라고 하는 것은 한계가 있
다. 이러한 문제들이 자주 발생한다면 고객여정지도, 고객 대기행

렬관리, 서비스 청사진 등 고객 서비스 개선을 도와줄 수 있는 도구들을 활용하도록 한다.

　최근에는 고객의 기다리는 시간을 관리하는 다양한 방법들을 사용하고 있는 것을 보게 된다. 고객들이 많이 몰리는 공항, 패스트푸드식당, 프랜차이즈 카페 등에서는 키오스크 설치를 통해 서비스 인카운터 프로세스에 변화를 가져오고 있다. 시행 초기에는 불편해 하기도 했으나 점점 인건비를 줄이는 효과와 함께 서비스 인카운터 관리에도 긍정적인 영향을 미치고 있다.

　스타벅스의 경우에는 앱 서비스를 통해 사이렌오더를 하도록 하고 있다. 바쁜 현대인들이 카페에서 음료 주문을 하고 기다리는 시간을 단축시켜주고 혼잡한 매장 분위기를 조절할 수 있는 이점이 있어 사용자가 늘어나고 있는 추세이다.

[그림3-2] **인천공항 체크인 키오스크** 　　　　　　[그림3-3] **스타벅스 사이렌오더**

고객과 직원을 고려한
• 서비스 장비시설를 관리하라 •

"발목을 심하게 접질러서 정형외과에 간적이 있다. 걷기가 힘들 정도로 아팠지만 먼저 원무과에 가서 접수하고 배정해 주는 진료실로 가서 의사선생님을 만났다. X-ray를 찍어봐야 한다고 했다.

그런데 X-ray실은 지하1층이었다. 엘리베이터까지 가는데 제대로 걷지도 못하고 발걸음 옮길 때마다 통증이 심했다. 지하1층 갔다가 다시 1층 의사진료실까지 오는데 눈물이 날것처럼 괴로웠지만 다른 방법이 없었다. X-ray 결과가 나오고 의사선생님이 기브스를 해야 한다고 처치실로 가라고 한다. 처치실은 같은 1층이지만 진료실과 멀리 떨어진 복도 끝이었다. 아픈 다리를 절뚝이며 내려갔다가 다시 올라오고 또 멀리 떨어진 처치실까지 이동하다 보니 너무 화가 났다. 일주일 후에 다시 오라고 했지만, 그 병원이 아닌 다른 병원으로 가서 진료를 받았다."

고객을 생각하는 병원이라면 환자가 가야할 곳을 쉽게 찾을 수 있어야 하고 이동거리나 동선이 환자입장에서 설계되어야 하지 않을까?

서비스 기업의 서비스 인카운터 담당자는 역지사지의 마인드

[그림3-4] 병원 바닥에 고객이 쉽게 동선을 파악할 수 있도록 한 표시 예

로 고객 입장에서 동선을 체크하고, 고객을 관찰하고 고객의 소리에 귀를 기울여야 한다. 주기적으로 고객 인터뷰나 설문을 통해 서비스 제공자 입장에서는 익숙해서 느끼지 못하는 불편을 알아내는 노력도 기울여야 서비스 인카운터를 관리할 수 있다.

서비스 인카운터에서의
• 감정노동을 최소화하라 •

서비스 접점의 직원들은 고객의 불평과 비난에도 친절하게 대응하느라 감정노동으로 지치게 된다. 고객의 불만이나 비난의 출발이 접점의 직원이 아니라 이용에 불편을 주는 비효율적인 시설

이나 제품은 없는지 살펴보자.

화장실에서 종종 보게 되는 풍경 중의 하나가 미화직원이 세면대 주변과 바닥에 떨어진 물기를 닦으면서 화난 듯한 싫은 소리를 하는 것이다. 그리고 사용한 고객이 나간 다음에 그 고객을 비난하듯 말하는 것을 보면 지켜보는 고객도 감정이 불편해진다.

왜 이런 상황들을 화장실에서 종종 보게 되는 걸까? 생각하며 관찰해보았다.

화장실 세면대의 구조를 보면 손을 씻는 세면대, 물비누와 손의 물기를 말리는 기계가 비효율적으로 위치해 있는 것을 볼 수 있다. 물을 바닥에 흘릴 수밖에 없도록 디자인이 된 것이다.

고객은 물을 흘리고 직원은 계속해서 닦아야하는 상황이 여러 곳에서 일어나고 있다. 이러한 것에 관심을 기울이고 효율적으로 개선한 화장실 세면대를 일본 동경에서 발견했다. 화장실 세면대 내부에 수도꼭지, 물비누, 핸드드라이가 함께 있는 것이었다. 고객도 편리하게 사용할 수 있고 미화직원의 노동을 줄여주는 세면대가 고객과 직원을 동시에 배려한 세면대라는 생각이 들었다.

서비스 인카운터의 서비스 품질을 개선하고 향상하기 위해서는 인적 요소뿐만 아니라 고객이 사용하고 직원이 관리해야하는 장비와 시설들도 관심을 가져야한다. 함께 아이디어를 찾다보면 고객의 만족을 높이고 직원의 불필요한 노동력을 줄일 수 있어 효

율적이면서도 모두가 즐거운 업무환경이 만들어질 것이다.

2018년 1월 18일에 개장한 인천국제공항 제2여객터미널에 있는 화장실은 [그림3-6]처럼 세정제와 물이 세면대 안쪽으로 나오게 되어 있다. 그리고 손을 씻은 후 전면 거울 아래에 있는 핸드페이퍼를 뽑아서 손을 닦은 뒤 세면대 바로 옆에 있는 휴지통에 버리면 된다. 고객은 이동하지 않고 한곳에서 해결할 수 있어 좋고, 미화직원은 세면대 주변과 바닥에 물기가 적어져서 화장실을 관리하는 시간과 노력을 줄일 수 있게 된다.

　앞서 다양한 서비스 인카운터에서의 고객경험들이 고객만족에 직접적인 영향을 준다는 것을 알 수 있었다. 서비스 기업은 서비스 인카운터 품질관리를 중요한 업무로 인식하고 우선적으로 다루어야 한다. 서비스 인카운터 품질관리를 위해 인적요소와 프로세스 그리고 장비와 시설, 이 세 가지 요소를 과학적인 방법으로 관리해 나갈 때 강력한 서비스 경쟁력을 갖게 될 것이다.

EXCELLENT SERVICE

제 4 장

서비스
수요공급 관리

카카오모빌리티와 서울시가 인공지능 기술을 활용해 택시 수요예측을 실시하기 시작했다. 카카오모빌리티는 국내 최초로 딥러닝Deep Learning 기반의 수요예측 인공지능 모델을 개발했다. 카카오는 택시 수요 공급의 불균형이 발생하는 이유를 운전자의 주관적인 경험으로 인식했다. 택시 호출이 발생할 지역과 시간을 예측하면 택시의 수급 문제가 해결될 것으로 보고 모빌리티 데이터 처리 기반의 전문화된 인공지능 방법론을 연구했다.

카카오모빌리티는 택시 수요예측 모델을 바탕으로 수요가 없는 지역에서 활동하는 택시를 수요가 많거나 수요가 많을 것으로 예상되는 지역으로 유도한다. 또, 예상 수요와 공급을 기반으로 택시요금을 탄력적으로 운영하는 방안을 검토 중이다.

서울시와 한국스마트카드도 2017년 1월부터 2018년 7까지 약 2억 건에 달하는 빅데이터를 활용해 2018년 11월부터 수요를 예측했다. 실제 수요와 비교했을 때 그 정확도는 97.2%에 달했다. 택시 수요예측 시스템이 활성화하면 택시를 잡지 못해 어려움을 겪는 수요자의 불편이 해소될 뿐만 아니라 택시 기사도 공차 시간을 줄여 수익이 늘어날 것으로 기대된다.

출처 택시 수요 예측 서비스 확대 추진. 경향신문 2019.3.10.
카카오모빌리티. AI로 택시 수요 예측한다. 블로터 2018.12.10.

• 공급망 관리가 왜 필요한가? •

필요한 물건을 사러 매장에 방문했다가 품절이라는 말을 듣고 발걸음을 돌린 경험이 한 번씩은 있을 것이다. 이럴 경우, 소비자도 필요한 물건을 사기 위해 여러 상점을 돌아다녀야 하는 등의 비용이 발생하지만, 판매자도 손님에게 물건을 팔지 못해 발생하는 기회비용이 생긴다.

비 예보가 있을 때 편의점은 우산을 몇 개나 두어야 할까? 과일 가게에서 보유해야 하는 적정 과일의 종류와 수는 얼마인가? 이처럼 수요관리는 사업의 종류나 규모에 상관없이 모든 경제 주체가 관심을 갖는 분야이다.

수요관리는 제조업의 공급망 관리Supply Chain Management, SCM에서 출발한다. SCM은 기업 간의 공급 및 수요관리와 관련한 다양한 자원의 정보를 공유·제공하여 인적자원 및 물적자원을 효율적으로 활용할 수 있게 하는 경영활동을 의미한다.

SCM을 통한 업무 프로세스의 혁신 활동은 수리적인 방법이나 최적의 재고관리 모형을 통해 비용을 최소로 하는 재고 정책을 펼치거나, 기업 간의 협력을 통해 정보를 공유함으로써 그 효과를 극대화할 수 있다.

수요를 제대로 예측하지 못하면 공급이 터무니없이 늘어나서 재고가 쌓이거나 혹은 공급이 모자라 제품 판매를 할 수 없는 기회비용이 발생하게 된다.

공급사슬은 "최초 공급자로부터 최종 고객까지 정보, 프로세스, 자원 그리고 서비스 성과를 관리하는 것"이다. 서비스를 고객에게 최종적으로 전달되는 핵심 서비스와 이를 전달할 때 수반되는 지원서비스로 나뉜다.

서비스 공급사슬에 대한 연구는 1990년대에 시작됐다. 이후 많은 연구에서는 서비스 전달이 개별 개체가 아니라 복잡한 공급사슬에서 일어나기 때문에 서비스 혁신은 공급사슬에서부터 일어나야 한다고 언급했다. 서비스 업계에서의 공급사슬은 공급자에서부터 고객에 이르기까지 정보, 프로세스, 생산용량, 서비스 성과와 자금을 관리하는 것이다.

서비스 업계의 핵심 능력은 고객의 수요에 맞춰서 적절한 수준의 서비스를 제때 공급하는 것이다. 이를 위해서는 적절한 고객 수요를 예측하는 것이 선행되어야 한다. 서비스 공급이 수요보다 많으면 재고 문제가 발생하고, 서비스 수요가 공급보다 많으면 수요자가 공급을 받기 위해 대기하는 문제가 생기기 때문이다.

하지만 서비스 기업에서는 수요 패턴을 예측하기가 어렵다. 서비스는 재고가 없다는 점도 수요 예측을 어렵게 하는 요소다.

Crandall and Markland(1996)는 서비스 수요를 관리하기 위해 수요가 일정 수준을 넘지 않게 하거나 서비스 고점과 저점의 차이를 줄이는 등 수요변동 폭을 줄이는 것을 제안했다. 예약시스템을 활용하거나 차별화된 가격 정책을 펼쳐서 수요 변동성을 줄이는 것이 그 예다.

서비스 기업도 공급을 관리해야 한다. 공급관리란 고객의 수요에 맞춰서 생산용량을 조절하는 것이다. 서비스는 수요와 공급이 동시에 일어나는 동시성을 갖고 있고, 서비스가 소멸하는 특성이 있기 때문에 공급을 관리하는 것이 제조업보다 어렵다. 생산과 소비가 동시에 발생하기 때문에 지속적으로 생산용량을 관리할 필요가 있고, 서비스 공급량을 초과할 경우 수요가 바로 사라지기 때문에 손실도 즉각적으로 일어난다. 생산용량을 관리하는 예로 고용 계획을 세우고 파트타임 직원을 적절히 고용하는 것을 들 수 있다.

• 수요예측을 게을리 하면 안 되는 이유 •

수요예측은 소비자의 구매, 행동 패턴을 파악하고 미래의 행동을 예측하는 일이다. 사람의 앞날을 알 수 없기 때문에 수요예측은 빗나갈 때가 더 많다. 매번 틀리는 수요를 왜 예측해야 하는지 의문을 갖는 사람도 있지만, 앞으로 전개될 상황에 대해 여러 가지 시나리오를 세우고 대응 방안을 만드는 것도 수요를 정확하게 예측하는 것 못지않게 중요하다.

제조업과 달리 서비스 기업에서의 수요예측 실패는 서비스 실패로 연결된다. 갑자기 손님이 몰렸을 때 응대할 직원이 부족할 경우, 판매자는 판매기회를 영영 잃어버린다. 게다가 서비스를 받지 못한 손님은 앞으로 그 매장을 꺼릴 것이다. 반대로 손님이 많을 것으로 예상하고 직원을 충분히 고용했지만 예상만큼 손님이 오지 않을 경우, 경영자는 손님의 수와 관계없이 직원에게 임금을 지불해야만 한다. 과도한 유휴비용이 지출되는 셈이다. 서비스 실패 이후 완벽하게 회복되면 고객의 충성도가 높아진다는 이론이 있지만, 서비스 실패를 만들지 않는 것이 가장 좋다. 따라서 서비스 기업은 수요예측을 통해 가용 능력을 효율적이고 효과적으로 운영할 필요가 있다.

서비스 수요는 제품과 달라서 시간대에 따라 변동이 크며, 변동이 클수록 수요예측은 어려워진다. 또한 서비스 재고 관리가 용이하지 않다는 특성을 갖고 있다. 서비스는 재고 저장이 불가능하기 때문에 서비스 수요가 발생하는 순간에 즉시 제공되어야 한다. 서비스는 다른 서비스와 호환이 어렵고 시간과 공간의 제약을 받기 때문에 수요와 공급 차이를 보완하는게 용이하지 않다.

최근에는 IT 기술이 발전하면서 소비자와 공급자는 실시간으로 정보를 주고받을 수 있게 되었다. SCM에서도 소비자와 공급자 관리를 체계적으로 할 수 있게 된 셈이다.

• 서비스 수요예측과 수요를 관리하는 방법 •

서비스 수요예측기법은 크게 정성적 예측기법과 정량적 예측기법으로 분류한다.

정성적 예측기법은 실증적으로 활용할 데이터가 없거나 데이터 수집 비용이 높을 경우, 외부 환경이 변화하면서 과거에 수집했던 데이터가 무의미할 경우에 사용한다. 최근처럼 서비스 수요를 구성하는 요인이 여러 가지로 복잡하게 얽히고, 이들의 상호관계가 중요해질 때도 정성적 예측을 활용해서 수요를 예측하는 게 유리하다.

정성적 예측은 전문가 집단을 구성해서 조사하는 방법과 시장조사를 통해 수요를 예측하는 방법으로 나눈다. 정성적 예측의 대표적인 예는 '델파이기법'이다. 전문가 집단에 대해 집중적이고 반복적인 설문조사를 통해 신뢰성 있는 합의점을 도출하는 과정

엑설런트 서비스

이다. 먼저 설문조사를 통해 수요 예측치를 수집하고 통계적으로 분석한다. 이후 예측치를 반복적으로 수정한다. 여러 번 수정을 거칠수록 수요예측의 정확도는 높아진다. 그러나 수정할 때마다 비용이 들기 때문에 비용과 정확도를 고려해서 적절한 수정 횟수를 설정해야 한다.

정량적 예측은 통계를 이용해서 수요를 추정하는 방식이다. 이동평균과 지수평균, 지수평활법 등을 사용할 수 있다. 이동평균은 과거의 수요 데이터를 단순평균해서 미래 수요를 추정하는 방법이다. 데이터 입력 기간에 따라 평균값이 달라지므로 민감도와 안정성을 고려해 기간을 설정하는 것이 중요하다. 최근 수요가 불안정할수록 기간을 짧게 잡는 것이 적절하다. 지수평균은 최근 데이터에 비중을 더 주는 방법이다. 오래된 데이터일수록 그 비중의 값을 지수 함수 비율로 줄여나간다. 지수평균은 민감도와 안정성을 고려해 가장 최근 데이터의 비중을 얼마나 둘지 정해야 한다. 수요량의 변동이 클 경우 최근 데이터의 비중을 높일수록 예측력이 높아진다. 과거의 관측치에 시간의 흐름에 따른 가중치를 주고 합산해서 미래를 예측하는 방법인 추세조정 지수평활법은 변동에 추세가 있는 경우 활용한다.

예측을 한 후에는 예측과 실제 수요와의 차이를 분석하고 평가해야 한다. 예측 오차를 측정할 때는 절대적인 평균 편차를 보는

[그림4-1] 수요예측기법

정성적 기법	정보 보유자의 판단	외부기관 자료 이용
		경영자 판단법 / 판매원 의견 통합법 / 델파이법
계량적 기법	Fitting 모형	관련자료의 연계분석 : 세분시장 합산법 / 연쇄비율법 / 구매력지수 이용
		시계열 분석 / 확산모형
	인과관계 모형	시뮬레이션 모델 / 회귀분석 / 계량경제 모델 / 투입산출 모델
	서베이 기법	구매과정별 지수분석법 / 구매의도 분석법 / 컨조인트 분석법

출처 수요예측 체계, 어떻게 구축하나, 김옥남, LGERI리포트 2008.9.10.

방법과 퍼센트 오차 평균을 확인하는 방법이 있다.

수요예측을 해도 예측대로 되지 않은 경우가 대부분이다. 수요 예측과 더불어 수요를 관리하는 것이 중요한 이유다.

서비스 수요를 관리하기에 앞서 서비스 수요 유형을 분석해야 한다. 서비스 수요가 주기적으로 변하는지, 주기적으로 수요변동 을 야기하는 요인은 무엇인지, 시장을 세분화해서 수요를 나눌 수 있는지를 체크해야 한다. 이후 수요관리 전략과 가용능력관리 전략 중에서 적절한 전략을 선택한다.

수요관리 전략은 비수기에 가격을 낮춰서 수요를 촉진하거나 예

엑설런트 서비스

약제를 실시해서 수요를 제한하는 등 수요의 변동을 줄여서 공급량에 수요를 맞추는 전략이다.

수요평활법은 예약제를 실시하는 등 수요를 통제해 수요의 변동성을 줄이는 전략이다. 고객이 특정 시간에 몰리는 것을 막기 위해 무작위로 도착하는 고객과 계획된 시간에 도착하는 고객을 분리하는 예약통제가 그 예다. 이를 활용하는 대표적인 업종은 병원이다. 병원은 예약통제를 통해 보다 쾌적한 환경에서 고객을 응대할 수 있고 고객은 예약을 통해 대기시간을 줄일 수 있다.

비수기의 잠재적인 수요를 끌어내기 위해 가격 메리트를 제공하거나 보완적인 서비스를 개발하는 비수기 수요 촉진 전략도 있다. 비수기에 가격 메리트를 제공하는 대표적인 업태는 영화관이다. 영화관은 이른 아침과 밤늦게 영화를 보는 사람에게 영화관람 비용을 할인해 제공한다. 영화관의 조조할인, 심야할인 등이 그 예다. 골프장도 비슷한 전략을 사용하고 있다. 골프장의 성수기는 주말이다. 주말에는 정상요금을 받는 대신 주중이나 이른 아침, 저녁에는 사용료를 할인함으로써 수요를 분산한다.

비수기를 활용해 전혀 다른 수요를 발굴하는 방법도 있다. 스키장은 겨울에 사람이 몰리지만 스키를 탈 수 없는 여름 시즌에는 스키장이 유휴시설로 남게 된다. 비수기 수요를 촉진하기 위해 스키장에서는 세미나, 페스티벌 등을 유치해 수요를 확충한다. 서비

[그림4-2] **CGV의 수요분산 예**　　[그림4-3] **스키장의 비수기 마케팅 사례**

출처 CGV 홈페이지, Google Korea　　　**출처** 「Leisure」 초록빛 슬로프서 여름스키 씽씽,
동아일보, 2008. 7. 11

스를 제공하는 입장에서는 유휴를 줄일 수 있고, 고객은 저렴한
가격에 서비스를 이용할 수 있다.

보완적 서비스 개발의 대표적인 예는 주유소다. 주유소 옆에 세
차장이나 편의점, 간이 정비소가 붙어 있는 경우를 흔히 볼 수 있
다. 주유와 동시에 소비자가 필요로 할 다른 서비스를 제공함으로
써 소비자의 편의를 높이고 주유소는 부가수익을 창출하게 된다.

초과예약은 능력 이상으로 예약을 받는 행위다. 고객이 예약을
하고 나타나지 않을_{노쇼, No show} 경우에 대비하기 위해서다. 노쇼는
판매기회의 상실을 의미한다. 어느 정도 수준의 초과예약을 받을
지는 유휴 서비스 능력의 기회비용과 예약 초과에 따른 비용지불
을 최소화하는 수준에서 이뤄져야 한다. 초과예약제를 실행하는
대표적인 업태는 호텔, 병원, 항공사 등이다.

서비스 수요를 예측하고 관리하는 만큼 중요한 것이 서비스 공급관리다. 서비스 공급관리는 수요 예측치 크기에 따라 공급의 크기를 조절하는 수요추구형 전략, 일정기간 수요의 평균 공급 능력을 확보하는 공급평준화 전략, 수요추구형 전략과 공급평준화 전략을 적절히 섞어서 사용하는 혼합전략 세 가지로 구분한다.

공급관리 전략으로는 직원의 근무 일정을 조정, 시간제 직원 채용, 조절 가능 서비스 능력의 확보, 직원의 교차 훈련, 고객참여 증대, 기술 활용 등이 있다.

직원의 근무 일정을 조절하는 건 콜센터, 종합병원이나 식당 등과 같이 시간대별로 주기적인 수요 패턴을 보이는 서비스 조직에서 중요하게 다뤄진다. 수요를 예측하고 이에 대응하기 위한 인력을 구한 다음 교대근무 일정을 수립하고 직원별로 교대근무를 배정한다. 피크 수요를 흡수하기 위해 시간제 직원을 채용하는 경우는 특별한 훈련이 없이도 작업이 가능하거나, 짧은 시간의 훈련만으로도 업무를 할 수 있는 업종에서 활용 가능하다. 식당에서 점심시간에 파트타임을 채용하거나 대형마트에서 주말에만 계산대 직원을 고용하는 경우가 이에 해당된다.

비수기를 활용해 직원에게 다른 직무 교육을 시킴으로써 성수기의 서비스 능력을 확보하는 것도 공급관리 전략 중 하나다. 여러 가지 작업을 할 수 있도록 직원을 교차 훈련시키면 과부하 작업에 직원을 추가로 투입할 능력이 확보되기 때문이다. 그 밖에도 고객이 직접 서비스에 참여하도록 해서 서비스 능력 부족을 해소하는 방법이나 기술을 활용해서 서비스 시간을 줄이는 방법 등이 있다.

수율관리Yield Management는 수입관리Revenue Management 혹은 소멸성 자산관리Perishable Asset Management로 불리며, 1990년대 초반 항공사에 적용된 개념이다. 수익 또는 수율을 극대화하기 위해 적정한 가격을 적정한 고객에게, 적정한 형태의 능력을 할당하는 프로세스 활동 전반을 의미한다. 항공 산업에서의 수율관리는 실제 운항 일까지 남은 날짜에 따라 어떠한 가격으로 티켓을 판매하고, 얼마만큼의 티켓을 미리 판매하고 몇 명의 초과예약을 허용할 것인가와 관련되어 있다.

😊 테마파크의 수요관리 진화

적극적으로 수요관리를 하는 업종 중 대표적인 예는 테마파크다. 테마파크는 이미 주간과 야간의 입장료를 차별화함으로써 수요를 분산시키고 있다.

테마파크에 들어서면 특정 놀이기구에는 늘 사람이 많다. 테마파크는 대기수요를 관리하기 위해 치열한 고민을 하고 다양한 시도를 하고 있다.

　　　　　　　　엑설런트 서비스

대부분 테마파크는 대기행렬의 중간에 '이곳부터 탑승까지 약 30분'이라는 푯말을 비치한다. 사람들은 대기에 앞서 탑승까지 걸리는 시간을 인지하고 선택에 활용할 수 있다. 사람들이 막연하게 기다리는 것보다 탑승까지 얼마나 더 걸린다는 것을 인지하고 기다리는 것은 심리적으로 큰 차이가 있다. 무작정, 사전 설명 없이 기다리는 것은 예측된 기다림보다도 더 길게 느껴진다.

더 적극적으로 대기를 관리할 수도 있다. 에버랜드는 2010년 10월 국내 리조트업계 최초로 모바일 어플리케이션 '에버랜드 가이드'를 선보였다. 시설 및 공연정보를 비롯해 탑승물의 대기시간, 추천코스 등의 기능을 탑재했다. 고객들이 효과적이면서도 편리하게 에버랜드를 즐길 수 있도록 정보를 제공하고, 고객이 스스로 대기수요를 파악해 수요를 분산할 수 있게 만들었다. '탐험하기' 메뉴는 에버랜드 지도를 통해 운영 현황과 대기시간을 바로 찾아볼 수 있게 구성됐다. 또한 에버랜드 어플리케이션을 통해 미리 이용권을 구입하면 별도의 티켓 교환 없이 QR_{Quick Response} 코드를 찍고 입장이 가능하다. 어플리케이션에서 제휴카드 할인도 바로 적용되고 한 번에 여러 명을 예약할 수도 있다.

에버랜드는 대기예약을 또 하나의 즐거움으로 전환했다. '레니찬스' 어플리케이션을 통해 인기 탑승물에 대한 탑승예약을 할 수 있다. 이용권을 등록하면 30분마다 에버파워가 충전되고, 충전된 에버파워를 통해 레니찬스를 사용할 수 있다. 탑승물마다 사용할 수 있는 에버파워가 다르다. 관람객들이 선호하는 T 익스프레스의 경우 5개의 에버파워가 있어야 탑승예약을 할 수 있다.

롯데월드는 '매직 패스_{Magic pass}'라는 이름의 빠른 탑승예약 서비스를 제공한다. 시설물 입구에 비치되어 있는 탑승예약기에 티켓을 넣고 예약권을 받은 후 지정 시간에 탑승 예약 라인으로 입장한다. 탑승예약기에는 현재 예약을 할 경우 0시0분에 해당 놀이기구를 탈 수 있다는 안내를 받을 수 있다. 예약을 한 후 남은 시간동안 대기가 적은 다른 놀이기구를 탈 수도 있고 주변 시설물을 둘러볼 수도 있다. 탑승예약 서비스를 한 번 이용한 후 같은 놀이기구를 재차 이용하려면 일정 시간이 지나야하며, 탑승물이 예약된 상태에서 예약지정시간까지는 다른 탑승물 예약을 할 수

[그림4-4] 에버랜드의 어플리케이션을 이용한 수요관리   **[그림4-5]** 롯데월드의 수요관리 예

출처 에버랜드 홈페이지   **출처** 롯데월드 홈페이지

없다. 모바일 예약시스템이 발전하면서 롯데월드는 모바일 어플리케이션을 통해 탑승물을 예약할 수 있게 만들었다. 롯데월드에 입장한 후 어플리케이션으로 티켓을 등록하면 탑승물별로 현장 대기시간을 확인하고 탑승 예약을 할 수 있다.

디지털 기술이 만들어낸
• 정교한 수요예측과 혁신 •

디지털 기술이 발전하면서 수요예측이 더 정교하게 이뤄지고 있다. 인공지능AI이나 빅데이터, 블록체인 등을 활용해서 수요예측을 하는 기업이 늘어나고 있다.

네슬레는 네스프레소 커피머신에 사물인터넷Internet of Things(IoT) 센서를 부착한 네스프레소 프로디지오 에스프레소Nespresso Prodigio Espresso를 판매하기 시작했다. 고객이 언제 어떤 커피를 몇 잔 마셨는지에 대한 정보를 수집하고 이를 중앙컴퓨터를 통해 분석한 후 수요예측과 신제품 개발에 활용한다. 소비자별로 선호하는 커피나 소비주기, 소비량 등을 파악함으로써 구매한 커피 캡슐이 소진되는 시기를 예측한다. 구매 시기가 다가오면 고객에게 커피를 추천하거나 고객이 선호할만한 신제품을 내놓는다. 일본 네슬레는 고객의 커피 습관 분석 내용을 제공한다. 오프라인 매장에는 페퍼 Pepper라는 인공지능 로봇을 배치해서 고객에게 맞춤형 제품을 추천하는 등 고객 서비스를 제공하고, 고객에게 색다른 경험을 주기 위해 노력한다. 세계 최대 물류회사인 아마존은 2013년 '결제 예측 배송Anticipatory Shipping' 특허를 냈다. 소비자가 과거 아마존 사이트에서 어떤 제품을 구매했고, 어떤 상품 페이지에 오래 머물렀는지 등 구매 패턴을 분석하고, 이용자가 물품을 구매하기 전부터 필요로 하는 물품의 준비를 시작한다. 이를 통해 배송 기간을 줄이고 소비자의 만족도를 높일 수 있다. 빅데이터를 수요예측에 적극적으로 활용하는 셈이다. 100% 구매자의 행동을 맞출 수 없기 때문에 때로는 오배송이 될 가능성이 있다. 아마존은 이를 선물 증정용이나 할인판매 등 마케팅적으로 재활용한다.

아마존은 물류혁신의 기본으로 물류센터의 중요성을 꼽았다. 물류센터를 증설하기 전 아마존은 미국 전역에 10개의 물류센터만을 보유하고 있었다. 아마존은 2006년 아마존에 의한 주문 충족Fulfillment by Amazon 프로그램을 공개하고 물류센터를 늘리기 시작했다. 물류창고가 늘어나면 고객 응대 시간이 단축되고 고객의 만족도가 높아지기 때문이다. 또 다양한 종류의 제품을 제공할 수 있으며, 물류센터를 늘림으로써 아마존이 직접 물건을 제공하는 직구입 체계로 전환해 물류 중간단계를 단축할 수 있기 때문이다. 2019년 3월 현재 아마존은 전 세계 170개가 넘는 주문이행센터Fulfillment Center를 보유하고 있다.

아마존은 고객이 필요로 하는 물건을 최대한 빠르게 전달하기 위해 주문, 처리, 배송 과정을 빅데이터로 관리한다.

아마존의 물류시스템 혁신은 많은 기업에 도입되고 있다. 국내에서도 유통업체를 중심으로 빅데이터를 분석해 수요를 예측하고 고객 수요를 이끌어내고 있다.

GS shop은 아마존닷컴의 추천시스템을 벤치마킹해서 하둡에코시스템Hadoup Echo System을 도입하고 상품 추천 서비스 기반을 구축했다. 하둡은 저가 서버와 하드디스크를 이용해서 빅데이터를

[그림4-6] 아마존의 물류 프로세스

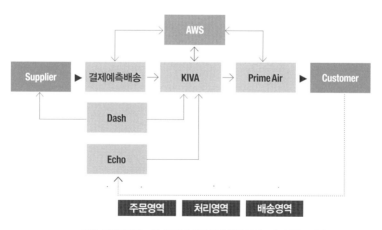

출처 물류의 미래 - 아마존에서 답을 찾다, 「최효석의 스마트물류」 브런치, 2016.04.09

상대적으로 쉽게 활용, 처리할 수 있는 분산파일 시스템이다. GS shop은 다양한 몰에서도 사용이 가능한 빅데이터 플랫폼을 마련하고 내부 인력의 연구개발과 실제 적용을 병행할 수 있는 내부 개발자 역량을 확보했다.

이제는 배송의 기준이 되어버린 로켓배송, 새벽배송 역시 아마존의 데이터 기반 의사결정을 벤치마킹하고 있다. 마켓컬리의 새벽배송은 데이터를 활용한 예측 발주를 활용하고 있다. 예를 들어 이날 전복 주문이 1,000개 들어올 것으로 예측하고 미리 전복을 생산지에 발주한다. 전복이 완주군에서 서울 마켓컬리 물류센터로 이동하는 동안 소비자는 전복을 주문한다. 남는 재고는 폐기한다. 수요 예측이 부정확할수록 폐기율은 높아지겠지만, 마켓컬리는 폐기율이 평균 1% 안쪽이라고 설명한다. 데이터 분석 전담팀을 두고 과거 품절, 폐기, 판촉, 가격 변동에 따른 수요 변화 등 여러 데이터를 수집하고 수요 예측에 활용하기 때문이다.

[그림4-7] 쿠팡과 마켓컬리의 익일배송 홍보

출처 편리와 미안사이…새벽배송 두고 누리꾼 갑론을박.
빅터뉴스, 2019.5.10.

쿠팡의 로켓배송은 물류센터를 늘리는 아마존의 전략을 벤치마킹했다. 쿠팡의 로켓배송 가능 품목은 500만 가지다. 전국의 쿠팡 물류센터는 축구장 151개 넓이에 달한다. 밤 10시에서 12시 사이에 하루 주문의 3분의 1이 몰리는데도 로켓 배송이 가능한 이유다.

인터넷이 모바일로 진화하고, 블록체인 기술 등 4차 산업이 서비스업계에 접목되면서 보다 정밀한 수요 예측이 가능해지고, 이를 통한 공급망 혁신이 다방면에서 폭발적으로 일어나고 있다. 수요예측과 수요관리가 분리되지 않고 동시에 일어나면서 기업의 공급망 관리에도 다양한 변화가 나타날 것으로 예상한다.

제 5 장

서비스
대기행렬 관리

2013년 한국소비자보호원이 조사한 병원서비스 이용실태와 만족도에서 '병원서비스의 이용 중 한두 가지라도 불만을 경험했다'는 응답자가 62.8%로 나타났으며, 주요 불만 사항은 중복 검사, 예약시간 지연, 의료진의 불친절, 무성의한 설명 등으로 나타났다. 특히 예약시간 준수 여부에 대해 '예약시간이 제대로 지켜지지 않았다'라는 응답이 59.8%로 나타났다. 한국생산성본부가 주관하는 국가고객만족도 조사에서 2011년부터 2015년까지 병원 부분 연속 1위를 차지한 S 병원장은 1위를 차지한 요인을 다양한 고객 만족 활동으로 꼽았으며, 특히 환자 대기시간 관련한 활동이 가장 큰 성공 요인이라고 밝힌 바 있다. 이렇듯 의료서비스를 이용하는 고객의 불만족 요인 중 대기시간은 가장 주요한 원인으로 지적되고 있어, 대기 관리는 고객 만족 향상에 필연적 활동이라고 할 수 있다.

출처 손지민, 유한주, '의료기관에서의 고객 대기시간 관리 사례연구', [서비스경영학회지], 第18 券 第1號, 2017.3, p.47~66.

서비스에 대한 수요와 서비스를 제공하는 공급 시스템 능력 사이에 불균형이 발생하면 대기가 발생한다. 제조업 분야에서의 재고와 달리 서비스의 대기시간은 비용으로 환산하기 어렵다. 그 때문에 서비스의 대기시간 발생은 서비스 품질의 문제로 인식되어 부정적인 평판이 형성되게 되므로 이는 곧 기업의 존폐와 연결된다. 즉, 고객이 이후의 서비스를 호의적으로 볼 것인가 비판적으로 볼 것인가는 대기시간에 달린 것이다. 그 때문에 서비스 기업에서는 전통적으로 대기행렬 이론Queuing Theory을 이용한 대기 관리방안이 추진되어 왔다.

• 대기행렬 이론Queuing Theory •

대기행렬 이론은 1908년 스웨덴의 얼랑Erlang에 의해 연구된 것으로, 서비스를 받는 사람과 서비스를 제공하는 설비 사이의 상호관계를 이론적으로 해명한 의사결정론의 한 수법이다.

대기행렬Queue이란 서비스 요원Server으로부터 서비스를 받기 위하여 소비자가 기다리는 줄을 의미한다. 즉 한 번에 서비스할 수 있는 능력보다 더 많은 개체Entities가 도착하면 이 개체들은 기다리는 열Waiting Line을 형성하게 되며 이러한 대기 상태의 모든 현상을 연구하는 학문이 대기행렬 이론이다.

  대기행렬 이론에서는 계량적인 모형을 만들어 시스템에서 고객이 평균적으로 기다리는 시간은 얼마나 되는지, 기다린 줄의 길이는 평균적으로 어느 정도인지 등을 분석하게 된다. 즉 대기행렬의 과정은 [그림5-1]과 같이 도착, 대기행렬, 서비스시설 요소로 정리할 수 있으며, 이러한 구성 요소의 형태와 수에 따라 대기행렬 과정은 [그림5-2]와 같이 4가지 기본 구조로 나뉘게 된다.

[그림5-1] 대기행렬 과정의 구성 요소

[그림5-2] 대기행렬 기본구성

● **단일경로, 단일과정**　　도착한 고객들이 한 줄로 서서 단일창구에서 한 단계의 서비스를 받는 경우

● **복수경로, 단일과정**　　　도착한 고객들이 여러 창구에서
한 단계의 서비스를 받는 경우

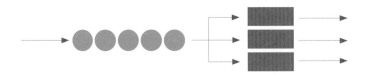

● **단일경로, 복수과정**　　　도착한 고객들이 여러 줄로 서서
여러 단계의 서비스를 받는 경우

● **복수경로, 복수과정**　　　도착한 고객들이 여러 줄로 서서
여러 단계의 서비스를 받는 경우

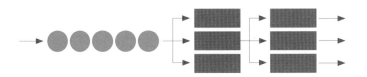

　그런데 단순하게 이러한 것을 알고자 한다면 직접 그곳에 가서
측정하면 되지 왜 복잡한 계량적인 모형을 만들어 분석해야 하는
지에 대한 의문점이 생길 수 있을 것이다.

이렇게 모형을 만들어 분석하는 이유는 시스템에 변화가 생기면, 즉 종업원의 수가 증가한다든지, 고객의 수가 증가한다든지 등의 변화가 발생한다면 과연 시스템에는 어떠한 영향이 있을 것인지를 모형을 통하여 쉽고 저렴하게 예측할 수가 있기 때문이다.

이러한 대기행렬 이론은 창구에서의 고객에 대한 서비스에 관련된 문제, 병원에서의 환자의 대기에 관련된 문제, 공장에서의 기계 고장과 수리에 관련된 문제, 항구 또는 비행장의 시설 규모 결정에 관련된 문제, 접객업소의 좌석 수 결정에 관련된 문제 등 수요의 분포를 분석하여 서비스 능력을 얼마나 하는 것이 효율적인지, 고객의 대기시간을 일정 수준으로 유지하기 위한 서비스 능력 수준 등을 결정하는 데 활용되어 서비스 관리자가 수요와 관련된 합리적인 의사결정을 하는 데 도움을 주는 것이다.

· 대기시간 ·

대기시간은 고객이 서비스를 받을 준비가 되어 있는 시간부터 개시까지의 시간으로 정의된다. Inverson(2000)은 "제공자와 고객 상호 간에 기다리는 상황일 때 대기가 발생하고 고객이 시간과 관련하여 평가하는 것"이라고 하였다.

[그림5-3] 서비스 능력과 대기행렬 사이의 관계

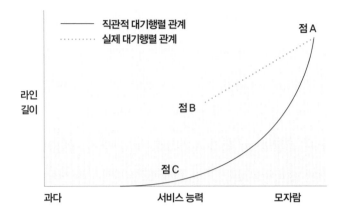

대기시간과 관련해 많은 선행연구를 살펴보면 대기시간은 고객의 감정, 만족, 서비스 품질에 더 강력한 영향을 미치는 것으로 확인되었다. 즉 대기시간의 양은 고객 서비스의 표준이 되는 것이다. 그러나 대기행렬의 수학을 사람들은 [그림5-3]과 같이 서비스 능력과 대기행렬 사이의 선형관계가 있을 것으로 가정한다. 그러나 이는 대기시간 관리를 잘못하게 만들 수 있다.

예를 들어 하루 8시간 근무 중 단 6시간 분량의 업무만 주어진다면 대기행렬은 발생하지 않을까? 대기행렬은 여전히 만들어진다. 그 이유는 바로 '변동' 때문이다. 고객의 도착시각과 서비스 제공의 시간은 흔하게 잘 변한다. 이렇게 서비스 기업에서 상시로 발생하는 대기시간은 고객 만족도에 매우 큰 영향을 미친다.

실제 서비스 시간에 만족도를 느꼈더라도 기다리는 시간이 길어지면 결과적으로 불만족스러운 경험을 느끼게 된다는 연구결과도 있다. 그들은 불편한 상황에서 기다려야 하며, 때론 영문도 모른 채 기다리는 경우가 있다는 것이다. 서비스 직원도 절정기에 많은 고객을 상대하다 보니 충분한 서비스를 제공하지 못할 때도 있으며 감정 소모도 커지기 마련이다. 이러한 대기시간을 줄이는 방법은 크게 두 가지가 있다. 우선 대기시간을 줄이거나 발생하지 않도록 제거하는 것이다. 그들이 불필요한 대기시간으로 인해 지체되는 시간을 줄여 제때 서비스를 받을 수 있게 하는 것이다. 즉 대기시간을 물리적으로 빠르게 하는 것이다. 물론 예약이나 절정기를 피하는 방법이 있지만 그렇지 못할 때 효과적인 수단이 될 수 있다. 또 다른 방법은 이미 발생한 대기시간을 오히려 고객과의 소통의 기회로 잘 관리하는 것이다. 다시 말해 후자는 대기하는 사람들의 심리를 적절하게 이용하여 실제로 자신이 기다리는 시간보다 훨씬 더 짧게 느끼게 하거나 의미 있게 느끼게 하는 것이다. 이러한 기다림의 심리는 다음의 몇 가지 특성이 있다.

첫째, 점유되지 않은 시간은 점유된 시간보다 더 길게 느껴지게 된다. 그러므로 서비스 공급자는 주의를 분산시키고 관련된 활동이나 관련이 없는 활동이라도 즐겁게 느끼도록 서비스 환경을 구성해야 한다. 호텔의 엘리베이터 로비의 벽 거울, 은행이나 식당에서의 텔레비전 설치 등이 대표적인 예이다.

둘째, 사전 프로세스 기다림은 실행 프로세스에서의 기다림보다 길게 느껴진다. 따라서 가능한 한 빨리 의사소통하고 고객을 프로세스 내로 진입하게 해야 한다. 놀이공원에서 대기시간의 지루함을 줄이기 위해 쇼를 보여주거나, 식당에서 메뉴나 음료수를 추가로 제공하는 등이 그 예다.

셋째, 불확실한 혹은 설명되지 않은 기다림은 알고 있는 기다림보다 길게 느껴진다. 그러므로 서비스 제공자는 고객과의 빈번한 의사소통이 필요한데, 병원에서의 대기시간 공지가 한 예이다.

넷째, 불공평한 기다림은 길게 느껴진다. 그러므로 서비스 제공자는 고객 간의 서로 다른 시장으로의 분리가 필요하다. 공항, 은행 등에서 귀빈실 서비스 설치가 전형적인 예이다.

· 대기행렬을 활용한 고객 서비스 사례 ·

🙂 모바일 사전결재 방식을 도입한 '스타벅스'

미국의 대표적인 커피 가맹점 스타벅스는 2014년부터 모바일 주문을 시작했고, 2017년에는 모바일 주문만을 따로 받는 전용 매장을 시애틀에 있는 스타벅스 본사 1층에 처음 설치하였다. 스

[그림5-4] 스타벅스 모바일 주문 시스템 '사이렌 오더'

| 스타벅스카드
모바일 애플리케이션
실행 및 로그인 | 저장된
'나만의 음료'또는
음료 목록에서
음료선택 | 등록된 스타벅스
카드로 선결제 | 매장방문 |

| 애플리케이션에서
주문 전송 | 제조완료
애플리케이션
푸시 메시지 | 음료전달 |

출처 전 세계 스타벅스 최초로 '모바일 주문' 선보인다, 매일경제, 2014.5.29

타벅스를 비롯해 맥도널드, 써브웨이, 치폴레 등 미국 내 상당수 패스트푸드, 커피전문점들이 모바일 앱을 활용해 고객과 윈윈하는 성과를 거두고 있다. 고객들은 긴 줄을 서지 않아도 되고 보상 프로그램에 따라 사실상 할인 혜택을 받을 수 있다. 업체는 이용자들의 매장 트래픽을 한층 효율적으로 관리할 수 있고, 고객들의 주문 습성과 선호도 등을 데이터베이스화할 수 있다. 2018년

시장조사기관 NPD_{New Product Development}에 따르면 지난해 미국 패스트 푸드 업체와 레스토랑에서 모바일 앱을 이용해 음식을 주문한 횟수는 전년 대비 50%나 늘어난 것으로 나타났다. 또 시장 데이터 전문회사 '앱 애니_{App Annie}'에 따르면 지난해 미국 소비자들이 패스 트푸드 관련 모바일 앱을 내려받은 횟수는 1억5,500만 회에 달했 으며 이는 전년 대비 35% 증가한 수치로 나타났다.

😊 원하는 때에 바로 식사할 수 있는 'Eatsa 레스토랑'

미국 캘리포니아에 있는 이 식당은 일명 '무인 자동화 레스토랑' 이다. 매장에 있는 거라곤 메뉴가 적힌 태블릿 PC와 지하철 보관 함과 비슷한 투명한 칸막이뿐, 주문을 받는 종업원도 돈을 내는 계산대도 없는 식당이다. 음식은 팔되 주문을 받거나 서빙을 하 는 종업원은 없으며 식당 내부에는 식당 이용 방법을 안내하는 직원이 한 명 있을 뿐이다. 태블릿 PC에서 다양한 메뉴를 주문할 수 있는데, 토핑부터 음료까지 원하는 맞춤 음식 주문이 가능하 다. 주문이 들어가면 자동화 시스템이 알아서 주문을 취합하고, 요리사는 이에 따라 요리를 만든 뒤 투명한 칸막이에 이를 넣고 해당 고객의 이름이 적힌 버튼을 누른다. 칸막이 밖에서 대기하 던 손님은 자신의 이름이 적힌 유리 칸막이를 자동 버튼을 눌러 열고, 요리를 꺼내 먹으면 끝이다. 작은 방 안에서 손님이 원할 때

[그림5-5] Eatsa 레스토랑

출처 '종업원 없는 레스토랑' 등장, 중앙일보, 2015.9.8.

바로 음식을 제공함으로써 개인화된 경험을 선사할 수 있다.

이 식당은 '건강한 음식'에 초점을 맞췄다. 빠르게 즐길 수 있으면서 동시에 저렴하고 건강한 음식을 간편하게 먹을 수 있는 모델이다. 무인 자동화 레스토랑을 이용하는 사람들에게 있어 가장 큰 장점은 속도와 편리다. 주문하기 위해 종업원을 기다리거나, 손님뿐 아니라 종업원까지 북적대는 정신없는 일반식당과 달리 편리하게 음식을 주문하고 받을 수 있다. 또 식당 내부에서 일하는 인력을 주방에 투입함으로써 더욱 빠른 주문 처리가 가능하다는 것 역시 장점으로 꼽을 수 있다.

😊 '에어프랑스'의 업그레이드 첼린지

프랑스 경로에 새로운 비즈니스석을 도입한 에어프랑스는 비행기 탑승 전 대기시간을 이용해 공짜로 비즈니스석으로 업그레이드를 해주는 게임 경합을 열었다. 정해진 시간 15분 동안 사람들은 좌석 업그레이드를 위해 동시에 주어진 게임을 하고 승자는 대형 스크린에 계속 순위가 기록된다. 이를 통해 사람들은 지루한 대기시간을 즐겁게 게임을 하고 동시에 비즈니스석으로 업그레이드되어서 직접 체험해 볼 수 있는 경험까지 하게 되면서 긍정적인 브랜드 경험을 할 수 있게 된다.

💬 트위터로 고객 상담을 나선 '뱅크 오브 아메리카'

　뱅크 오브 아메리카_{이하 BoA}는 고객들이 전화 상담을 받거나 문의를 하기 위해 자신의 차례를 기다리며 마냥 수화기를 들고 있는 불만족스러운 경험에 주목했다. 트위터 채널 @BofA_Help를 고객 상담 CS 창구로 활용해 고객들에게 빠른 답변을 준다. 고객 상담 창구를 일반 전화상담실에서 트위터상으로 확장한 것으로 볼 수도 있겠지만 고객들의 반향은 컸다. 비용을 내고 서비스를 이용하는 고객으로서 하고 싶은 말도 제대로 할 수 없는 상황이라면 누구라도 기분이 좋지 않다. 기업으로서도 전화상담실이 처리할 수 있는 업무량에 한계가 있으므로 고객들의 다양한 의견을 수집할 수 없다면 서비스 개선 및 평가에 아쉬움이 남을 수밖에 없다. BoA는 이런 문제점을 트위터를 통해 해결한 것이다. SNS로 문의하면 짧은 시간 안에 질문에 대한 답변이 가능하므로 전화보다 혁신적으로 빠른 고객 상담이 가능하다. 트위터를 통해 고객이 궁금한 사항을 물어오면 전담 상담원이 즉각적으로 답을 해주는 방식이다. 고객들이 기존 전화상담실처럼 기다리는 상황 없이 빠르게 답변을 받을 수 있다 보니 서비스 만족도가 향상되었다.

💬 빵 냄새가 풀풀 나는 버스 정류장

대기하는 버스 탑승객들을 위해 빵 냄새로 코를 자극하여 대기시간을 줄인다. 영국의 맥케인 포테이토 버스 쉘터 광고로 버튼을 누르면 감자 부분이 따뜻해져, 구수한 감자 냄새가 나 군침을 돌게 만든다. 후각을 자극하여 기다림을 관리하여 기업의 홍보효과도 있어 일거양득이다. 미리 설치된 interactive형 광고로 기다리는 환자들을 지루하지 않도록, 여러 정보와 즐거운 콘텐츠를 제공할 수 있다. 은행이나 병원 등 대기시간이 발생하는 곳에서 감각적인 경험을 느낄 수 있는 수단을 마련해둔다면 기다림조차도 의미 있는 시간으로 만들 수 있다.

[그림5-6] 맥케인 포테이토 버스 쉘터 광고

출처 https://twitter.com/smc4627/status/376309421841715200

제6장

서비스
기업의 매력적 요소

마켓컬리,
새벽에 신선식품 배달 '샛별 배송'으로 차별화

정보기술을 접목한 혁신 서비스가 일상을 바꾸고 있다. 간단한 생활 용품에서 의류와 가구 등을 넘어 식품까지 온라인 배송으로 활용할 수 있는 서비스가 구축됐다. 특히 2015년 새벽에 신선식품을 배송하는 온라인 서비스 '마켓컬리'의 성장세가 가파르다. 마켓컬리를 운영하는 컬리는 IT를 접목한 효율적인 상품 관리로 빠르고 효율적인 배송시스템을 구축할 수 있었다. 다른 온라인 유통업체도 신선식품 온라인 배송 경쟁에 합류하며 온라인 신선식품 배송 시장이 확대될 전망이다.

마켓컬리는 신선식품을 좋은 상태로 배송하기 위해 최적화한 '샛별 배송'으로 차별화된 서비스를 제공했다. "소비자에게 가장 신선하고 빠르게 전달하기 위해 출근 전 식품을 받을 수 있는 샛별 배송을 도입했다"면서 "식품은 다른 상품과 달리 스펙이 명확하지 않고 어떻게 다뤄졌나에 따라 질이 달라진다. 새벽에 식품을 배달하면 직사광선을 피해 신선식품을 신선하게 배달할 수 있다는 것도 장점"이라고 설명했다.(중략)

출처 전자신문 2019.01.02.

• 고객감동을 위해 '매력적 요소'는 필수 •

오늘날 무한경쟁 사회에서 진화하고 있는 고객의 니즈를 충족시키고, 차별화된 경쟁력을 확보하여 고객에게 감동을 줄 수 있는 전략은 무엇인가? 앞의 사례에서 설명한 서비스가 출시되기 이전에 '출근하기 전 새벽에 신선한 식품을 배송 받을 수 있을 것'을 기대한 고객이 과연 얼마나 될까?

이처럼 고객이 기대하지도 않은 서비스를 제공함으로써 고객감동을 실현하게 되는 매력적 요소 발굴이 서비스 기업 경영의 중요한 차별화 전략이 되고 있다.

• 왜 매력적 요소가 중요한가? •

매력적 요소는 언제든지 경쟁사로 눈을 돌릴 준비가 되어 있는 고객들의 요구를 충족시키고, 고객 가치 창출과 경쟁우위를 확보할 수 있는 수단이다. 따라서 기업들은 고객들에 대해 정보를 면밀히 수집하고 분석, 고객의 요구 중에서 고객의 기대를 훨씬 초과하여 고객을 감동시키는 매력적 요소가 무엇인지 찾아낼 수 있

엑설런트 서비스

도록 서비스 품질을 측정하고 관리해야 한다.

오늘날 고객 대부분은 서비스 품질이 기대에 미치지 못하는 부분에 대해서는 불만을 가지면서, 충분한 경우에는 당연하다고 느낄 뿐 만족하지 않는 경향이 있다. 즉 항공 여행 중에 항공기가 연착했다면 고객들은 불만을 느낄 것이나, 예정된 시간에 도착하였다면 당연하게 여긴다. 이러한 상황을 체계적으로 설명하기 위해 일본 도쿄 리카대학의 카노 노리아키 교수는 [그림6-1]과 같이 품질의 이원적 인식 방법을 제시하였다.

카노모델은 어떤 물리적 상황이 충분하면 만족감을 느끼고, 그렇지 못하면 불만을 갖는 종래의 선형적 인식방법을 넘어서 물리적 상황이 불충분하면 불만을 느끼게 되지만, 물리적 상황이 충분하더라도 당연하게만 느낄 뿐 만족감을 느끼지 않는 경향을 고려하여 비선형적 인식 방법을 체계화하였다. 즉, 만족 대 불만족이라는 주관적인 측면과 물리적 충족 대 불충족이라는 객관적인 측면을 함께 고려하고, 이러한 두 가지 측면의 대응 관계로부터 품질 요소를 구분하였다. 고객만족은 서비스 품질 요소에 따라 전혀 다르다는 것이다. 카노Kano모델에 따르면 서비스 품질 요소는 매력적 품질Attractive quality, 일원적 품질One Dimensional quality, 당연적 품질Must-be quality로 분류되며 이를 살펴보면 다음과 같다.

첫째, 매력적 품질은 고객이 미처 기대하지 못했던 것을 충족시

[그림6-1] 품질의 이원적 인식방법

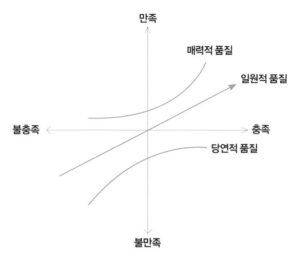

출처 Kano, Noriaki, 1984, "Attractive quality and must-be quality"
The Journal of the Japanese Society for Quality Control, April, pp. 39-48.

켜 주거나 고객이 기대했던 것이라도 고객의 기대를 훨씬 초과하는 만족을 주는 품질 요소로 고객 감동의 원천이 된다. 이것은 충족되지 않더라도 불만을 느끼지 않지만, 충족되면 만족감이 급격하게 증가해서 고객 감동 수준에 이르게 된다. 따라서 매력적 품질 요소야말로 서비스 차별화의 핵심 요소가 된다. 예를 들면, 호텔방에 준비된 환영 과일이나 샴페인, 늦은 시간에 호텔에 도착하거나 체크아웃 후의 시간이 애매한 여행자들을 위해 체크인 시각 기준으로 24시간을 머물 수 있는 '24시간 스테이' 제공 등이 이에 해당한다. 이러한 매력적 요소들은 고객에게 놀라운 즐거움을 선사하고 고객들의 긍정적인 변화를 이끌어냄으로, 기업들은 이런 매력적 품질 요소를 개발하기 위해 계속 노력해야 한다.

둘째, 일원적 품질은 충족되면 만족하고 충족되지 않으면 불만을 야기하는 품질 요소로, 종래의 인식 방법에 의한 품질 요소이다. 이것은 성과 요소와 같은 개념으로 고객의 명시적 요구사항이며 만족요인Satisfier이라고도 한다. 예를 들면, 자동차 연비, 호텔에서의 대기시간, 직원의 친절, 음식의 질 등이 이에 해당한다.

셋째, 당연적 품질은 최소한 마땅히 있을 것으로 여겨지는 기본적인 품질 요소이다. 충족되면 당연한 것으로 인식되어 만족감을 주지 못하지만 충족되지 않으면 불만을 야기하는 품질 요소로, 불만족요인Dissatisfier라고도 한다. 이것은 기본적으로 제공되어야 할 요소로서 충족이 되더라도 당연하기 때문에 별다른 만족감을 주지 못하지만, 충족되지 못하면 불만이 훨씬 커지는 품질요소이기 때문에 기본에 충실해야 함을 보여준다.

• 매력적 요소를 높인 고객 서비스 사례 •

💬 항공 여행의 또 다른 즐거움, 아시아나항공 '특화서비스'
항공사 객실승무원이 단순 기내 서비스만 하는 시대는 지났다.

항공사마다 기본 서비스와 별도로 이벤트를 진행하는 등 특화 서비스의 폭을 넓히고 있다. 특정일마다 깜짝 이벤트를 진행하는 것은 물론, 아예 이벤트팀을 따로 꾸려 기내 이벤트를 진행하고 있다.

항공업계 최초로 기내 특화 서비스팀을 신설해 운영하는 아시아나항공에는 현재 16개 특화서비스팀이 존재한다. 1998년 마술을 선보이는 '매직팀'을 시작으로 핸드드립 커피를 제공하는 바리스타팀, 소믈리에 자격증을 갖춘 승무원이 와인을 제공하는 소믈리에팀, 네일아트와 메이크업 서비스를 제공하는 차밍팀, 어린이 손님에게 추억 만들기 체험 서비스를 제공하는 차일드팀, 소품을 활용해 승무원과 기념촬영 후 이메일로 전송하는 포토제닉팀, 초크아트로 열쇠고리, 미니 액자, 네임택 등 기념품을 제작하는 초크아트팀, 손님이 작성한 편지를 발송해 드리는 오즈러브레터팀 등이다. 아시아나항공은 이러한 기내 특화서비스를 제공해 고객 만족도를 더욱 높이고자 노력하고 있으며, 특화서비스팀에는 약 550여 명의 승무원이 소속돼 서비스를 제공 중이며, 지속적으로 고객 니즈와 트렌드를 파악해 지속적으로 매력적인 서비스를 제공하고, 기내 서비스 경쟁력 강화 및 기내 품질 차별화에 앞장서고 있다. 이러한 노력으로 아시아나항공은 대한민국 민항사 60년 만에 처음으로 항공업계의 노벨상으로 불리는 'ATW_{Air}

[그림6-2] 아시아나항공 특화서비스팀 '플라잉 매직팀'

_{Transport World} 올해의 항공사 상'을 받았으며, 영국 스카이트랙스_{Skytrax}의 최고 등급인 5성_{Five star} 항공사로 12년 연속 선정되어 서비스 품질을 인정받았다.

🗨 공공디자인으로 주민 만족도 높인 '서초구청'

서초구는 주민의 의견을 수렴하면서 일상생활에 상존하는 불편 요소를 찾아내고, 이를 해소하기 위한 주민생활밀착형 사업을 추진해왔다. 이 중에서 가장 큰 주목을 받은 대표적 성공사례가 바로 서리풀 원두막, 서리풀 이글루, 온돌 꽃자리 의자이다.

주민들이 자주 이용하는 시설인 건널목과 버스 승하차장의 디자인을 개선하는 한편 편의성을 높임으로써, 공공시설의 가치와 디자인의 수준을 높인 행정으로 평가받고 있다.

그 첫 번째는 2017년 서리풀 원두막으로부터 시작되었다. 뙤약볕을 참으며 교통신호를 기다려야 했던 주민들에게 햇볕을 막아

[그림6-3] 서초구청 서리풀 원두막(좌)과 서리풀 이글루(우)

주는 그늘을 제공하기 위해 건널목과 교통섬 등에 설치한 3.5m 높이의 서리풀 원두막은 시행 초기부터 주민들의 큰 호응을 얻어 서초구 전역으로 확대, 총 144개소에 설치되었다. 서리풀 원두막은 곧바로 벤치마킹 대상이 되어 다른 지자체들도 앞다퉈 비슷한 시설을 건널목에 설치하였는데, 서초구청은 여기서 한 걸음 더 나아가 서리풀 원두막이 겨울에도 도시 미관에 기여할 수 있도록 디자인을 업그레이드시켰다. 즉 동절기에는 사용되지 않는 서리풀 원두막을 접어 보호 커버를 씌우고 그 위에 소형 전구와 솔방울, 꽃잎 등의 장식물을 꾸며 2월 말까지 트리로 활용할 수 있게 함으로써 주민들의 만족도를 높였다.

이어 서초구는 버스를 이용하는 주민들이 겨울철 한파를 피할 수 있도록 버스 승하차장 인근에 바람을 막아주는 시설인 서리풀 이글루를 설치했다. 사실 이런 시설은 서울의 다른 구에서도 찾아볼 수 있었지만, 서초구는 벤치마킹을 통해 그 기능과 편의성을 높였다. 전체가 비닐 소재인 다른 구의 시설과는 달리, 서초구는 보온과 안전성 및 시인성을 모두 고려해 지붕에는 여행용 하드 케이스에 쓰이는 렉산 소재를 사용했고 벽면은 투명한 비닐로 만들었다.

온돌 꽃자리의자는 방치되어 있던 기존 버스 승하차장의 의자를 기능과 디자인 모두에서 새롭게 탄생시킨 시설이다. 버스 승하차장 의자는 어쩔 수 없이 외부에 노출될 수밖에 없는 시설로, 여름에는 뜨거워지고 겨울에는 차가워져 이용자들이 앉기를 꺼리는 경우가 많았다. 서초구는 여기에 나노 탄소소재를 이용한 면상 발열의자를 150여 곳에 설치하여 겨울에는 따뜻하고 여름에는 시원하게 이용할 수 있도록 만들었다.

서초구의 이러한 공공디자인 개선사업은 대외적으로도 높은 평가를 받았다. 2017년에는 서울시 창의상, 친환경 정책에 주어지는 유럽 최고 권위의 그린 애플 어워즈 은상을, 2018년에는 대한민국 공공디자인대상 프로젝트 부문 국무총리상을 받았다.

😊 치료에서 취업까지, 서울시북부병원 '301 네트워크'

301 네트워크는 보건, 의료, 사회복지를 하나로 통합하여 의료 취약계층에 유기적인 서비스를 제공하기 위해 구축된 보건의료복지 연계사업으로 의료 사각지대에 놓인 취약계층 시민들이 병

원을 쉽게 이용할 수 있도록 문턱을 낮추고 찾아가는 의료서비스를 제공하는 공공 의료서비스 브랜드이다.

301 네트워크는 몇 가지 문제의식에서 출발했다. 첫째, 경제적으로 어려운 사람에게 병원 문턱은 여전히 높았다. 국가인권위원회에 따르면 병원에 가지 못한 사람의 37%는 경제적 이유 때문이었다. 둘째, 경제적 취약계층에 속한 사람들은 복잡한 복지제도를 알지 못했다. 셋째, 병원은 복지의 사각지대로 사회복지사가 근무하고 있어도 주 업무는 환자 상담에 국한됐다. 넷째, 따라서 있는 제도와 서비스도 연계하기 어려웠다.

대부분의 병원들이 사회사업실을 통해 환자 상담 및 진료비 지원, 지역사회 연계사업 등을 진행하고 있지만, 전문 인력의 부족으로 한정적이고 공급자 위주의 서비스가 제공되어 실제로는 진료 활동에 국한되고 복지 사각지대가 여전히 남게 된다는 지적이 많았다. 301 네트워크 사업은 이러한 문제점을 가장 잘 해소할 수 있다고 평가받는 프로그램이다. 당뇨와 습관성 음주로 인해 경제활동을 하지 못한 저소득층 세대주가 301 네트워크를 통해 병원에서 치료를 받고 주거지 구청의 복지지원팀에서 연계한 운수회사에 취업해 정상적으로 사회에 복귀하는 등, 저소득층 맞춤형 의료-복지 연계서비스가 실질적인 효과를 가져 온 다수의 성과를 거둔 바 있다. 환자가 퇴원하더라도 의료진 방문 진료나 보건소 등 지역사회 네트워크를 통한 사후관리로 환자 건강관리는 물론 안정적인 정착에 도움을 주고 있다.

301 네트워크는 의료 현장을 중심으로 지역사회와 지자체가 협업하여 보건, 복지서비스의 혜택을 제대로 누리지 못하는 저소득층을 위한 맞춤형 통합 서비스라는 점에서 차별성과 의의가 있다. 이러한 성과를 인정받아 2014 서울시립병원 서비스 혁신사례 발표대회 및 평가결과 보고회에서 대상을 차지했다. 또한 2015년부터 보건복지부의 공공보건프로그램 사업에 포함되었으며, 서울은 물론 부산과 경북, 강원, 충청 등 전국의 지방의료원까지 확대되어 이제는 공공기관 444개와 민간기관 209개 등 총 653개 기관과 연계해 의료기관의 개입이 필요한 취약계층을 대상으로 사업을 전개하고 있다.

💬 숙박을 넘어 교류의 장으로 '플레이스 캠프 제주'

최근 제주도의 핫 플레이스로 주목받고 있는 플레이스 캠프 제주는 국내 20~30대 대상의 맞춤형 호텔로, 젊은 여행객을 대상으로 한 문화프로그램을 선보이며 '젊은이들이 놀 수 있는 공간'을 지향하는 숙박공간인 동시에 복합문화공간이다.

플레이스 캠프 제주는 총 235개 객실을 보유한 호텔로, 5개 객실이 스위트룸으로 조성됐고 나머지 230개 객실이 모두 1~2인실이

[그림6-4] 플레이스 캠프 제주

다. 최근 호텔 대부분이 유·아동 전문 객실을 만들며 가족 단위로 여행객을 모집하는 것과는 대조적이다. 플레이스 캠프 제주에서는 연간 다양한 페스티벌과 이벤트가 열리고, 사람들은 로비가 아닌 광장에 모여 사교를 즐긴다. 여기에서는 고객을 '플레이어'로 부른다. 그동안 숙박의 공간으로만 여겨졌던 호텔의 새로운 모습을 보여주고 있는 플레이스 캠프 제주는 어디서도 볼 수 없었던 매력적인 요소로 재방문을 유도, 오픈 후 1년간 다녀간 고객 중에 1,000만 명이 넘는 이들이 2회 이상 방문했고, 그중 최다 방문자는 30회가 넘는 기록을 가지고 있다. 플레이스 캠프 제주는 소단위로 여행을 즐기는 20~30대의 젊은 여행객들이 피아노와 그림, 보드 등 자유롭게 자신의 열정을 표현할 수 있도록 중앙광장과 문화공간을 마련했다. 또한 아침 조깅과 요가, 프랑스 자수, 캘리그라피 글귀나눔, 성산일출봉 등산, 보드타기, 스피닝, 영화 보기 등의 문화프로그램을 기획하고 매주 운영하여 방문객의 오감을 자극한다. 야외활동에 초점이 맞춰져 있으므로 객실은 잠을 자는 공간으로만 기획됐다. 넓은 객실, 호화스러운 인테리어를 떠올릴 수 있는 일반 호텔과는 달리 과감하게 불필요한 요소들을 제거하였으며, 객실은 최소한의 면적에 침대와 세면대, 화장실로 구성됐다. 객실 내 냉장고가 없기 때문에, 각 층에 마련된 정수기와 얼음을 사용해야 한다. 제주도를 방문한 젊은 여행객들은 사실 호텔 객실에서 지내는 시간이 많지 않아 인테리어는 최소한으로 줄이고 대신 낮에 활동한 만큼 충분한 휴식을 할 수 있도록 매트리스와 베개, 이불 등 침구를 최상급으로 준비하여 방문객의 만족도를 높이고 있다.

재미있는 병원, 'Funspital'
런던 왕립 어린이병원 & 월트 디즈니 파빌리온 어린이병원

대개 병원은 아이들이 가기 꺼리는 장소로 인식되고 있다. 하지만 이제 이러한 선입견을 깨는 병원들이 생겨나고 있다. 아이도 부모도 즐겁게 진찰받고 병원을 친근하게 느낄 수 있게 한다.

런던 왕립 어린이병원은 어린이를 위한 새로운 치료 공간을 만들었다. 예술가 겸 창작가 크리스 오세어, 건축가 코트렐과 버뮤랜, 그래픽 디자이너 모라그 미어코프 등이 제작에 참여했다. 하늘의 정원을 표방한 실내 구성은 병원 안에 이상한 나라의 앨리스를 연상시키는 세계를 만들어 아이들이 동화 속에서 놀고 즐긴다는 느낌이 들게 했고, 키네틱 카메라와 컴퓨터 언어로 제작된 대형 텔레비전 모양의 스크린에서는 아이들의 행동에 맞추어 무지개가 뜨고 날씨가 변하며 아이들이 상상의 세계에서 놀고 있는 듯한 경험을 준다. 어린이를 치료하는 의료행위 뿐만 아니라 어린이가 지내는 환경 또한 어린이의 정서적 측면에 긍정적인 효과를 줄 수 있도록 하였다. 어린이의 호기심을 자극하고 즐겁게 진료 받을 수 있는 시설로 가득 차 있는 런던 왕립 어린이병원 안에는 오락실이 있는가 하면, 치과병동에는 천장에 TV가 설치되어 있어 재미있는 TV 프로그램을 보면서 치료를 받을 수 있다.

미국 플로리다에 있는 월트 디즈니 파빌리온 어린이병원은 어린이가 병원을 찾으면 테마파크처럼 다양한 캐릭터들이 반갑게 맞아주며, 병원 곳곳에서 만날 수 있는 악사는 음악을 선사하여 긍정적인 분위기를 만든다. 아이들에게 행복한 월트 디즈니 파빌리온의 최대의 장점은 어린이들의 만족도가 미국에서 가장 높은 병원이라는 것이다. 병원에서도 디즈니랜드에 온 것 같은 따뜻하고 재미있으며 행복한 분위기를 항상 유지한다. 어린이들은 치료를 받으며 웃는 시간이 늘어나고 치료 경과도 다른 병원보다 좋아 빨리 퇴원할 수 있어 부모님의 경제적인 부담도 덜어주고 있다. 월트 디즈니 파빌리온은 심플하고 고급스러운 디자인이 아닌 어린

[그림6-5] 런던 왕립 어린이병원(좌)과 월트 디즈니 파빌리온 어린이병원(우)

이들이 좋아하는 만화 캐릭터들과 놀면서 치료받을 수 있는 Fun한 디자인으로 설계되었다. 그리고 또 하나의 장점은 어린이들의 친구인 반려동물도 어린이와 함께 치료받을 수 있다는 점이다. 이 병원에서는 어린이가 입원해도 반려동물과 함께 지낼 수 있도록 최대한 노력하고 있다.

지금까지 국내외 서비스 기업의 매력적 품질요소 사례들을 살펴보았다. 그렇다면 우리 기업은 어떠한가? 무한경쟁 사회에서 언제든지 경쟁사로 눈을 돌릴 준비가 되어 있는 고객들의 요구를 충족시키고, 차별화된 경쟁력을 확보하여 고객에게 감동을 줄 수 있는 우리 기업만의 매력적 품질요소를 찾아내는 것이 매우 중요하다. 명심할 것은 매력적 품질요소는 시간이 흐르면 당연한 품질 요소로 변화하는 진부화陳腐化 현상을 보인다는 사실이다. 서비스 개발 담당자들은 이 점에 유념해 끊임없이 새로운 매력적 요소를 찾아내고 구현해야 한다.

3

엑설런트 서비스
**EXCELLENT
SERVICE**

제3부

엑설런트
서비스의 조건II
서비스의 경영학적 접근

EXCELLENT SERVICE

제 7 장

서비스
커스터마이제이션

지금까지 제시되어 온 기업 마케팅 전략 중, 가장 근본적이면서 강력한 전략은 상품 및 서비스의 차별화 전략이라 할 수 있다. 차별화의 핵심은 수익성을 확보할 수 있는 시장을 확보하고 그 목표시장 고객들의 니즈를 충족시킬 수 있는 적합한 상품과 서비스를 개발하여 제공하는 것이다. 이러한 차별화의 가장 극단적 형태로 나타난 것이 상품 및 서비스의 고객화로, 이는 '이질적이며Heterogeneous 매우 다양한 형태로 나타나는 고객의 니즈를 충족시켜 줄 수 있는 맞춤화Tailored-Made된 상품 및 서비스를 고객에게 제공하는 것'을 의미한다. 이러한 고객화로 인해 기업은 개별 고객이 원하는 제품과 서비스를 정확하게 고객에게 제공할 수 있게 되어 충성고객을 확보하고 유지할 수 있다.

최근 들어서는 '4차 산업혁명'이라는 용어가 반향을 일으킨 이후, Big Data, IoT, AI 등 미래 변화를 주도하는 '스마트 기술'의 발달로 인해 비교적 적은 비용으로 다양한 고객의 니즈를 반영할 수 있는 대량고객화Mass Customization의 실현도 가능하게 되었다.

대량고객화는 '개별 고객의 다양한 니즈를 반영하여 주문된 제품 및 서비스를 대량생산함으로써 낮은 비용으로 효율적으로 제공하는 시스템'이다. 이러한 대량고객화의 효율적 생산시스템으로 인해 기업은 충성고객의 확보 및 유지 외에 수익성도 크게 제고시킬 수 있게 되었다.

출처 이완석(2017). "파생결합증권 시장에서 서비스 고객화가 직원에 대한 신뢰도 및 고객충성도에 미치는 영향", 숭실대학교 대학원, 박사학위논문

생산자 중심 대량생산체제에서
• 개별고객 중심의 생산체제로 변화 •

이전에 대량생산을 주요 전략으로 삼았던 대부분의 기업들은 소비자의 동질적인 선호와 안정된 시장을 전제로, 거의 모든 사람들이 쉽게 구매할 수 있을 만큼 낮은 가격을 유지하면서 제품 및 서비스를 개발 및 생산, 그리고 마케팅과 유통한다는 공통된 목표를 가지고 있었다. 그러나 오늘날 세계 시장은 더 이상 안정적이지도 않고 통제할 수도 없으며 고객은 더 이상 거대한 동질적 시장에서 하나로 묶일 수 없고, 고객 개개인은 저 마다의 니즈를 내세우며 이를 충족시키려고 한다.

이에 따라 수요량이 단순히 가격 수준에 의해서만 영향을 받는 시장의 개념은 급속하게 축소, 해체되고 고객의 개별 니즈를 상품과 서비스에 어떻게 반영할 수 있는가가 생산 및 마케팅 경쟁력을 결정하는 고객중심의 커스터마이제이션 시대가 도래 하였다.

더구나 최근 들어서는 '4차 산업혁명'이라는 용어가 반향을 일으킨 이후, Big Data, IoT, AI 등 미래 변화를 주도하는 '스마트 기술'이 발달됨으로써 비교적 적은 비용으로 다양한 고객의 니즈를 반영할 수 있는 대량고객화 생산시스템의 실현이 가능하게 되

[그림7-1] 4차 산업혁명의 '고객화' 기반 추이

	제1차 산업혁명	제2차 산업혁명	제3차 산업혁명	제4차 산업혁명
시기	18세기	19~20세기 초	20세기 후반	20세기
특징	증기기관 기반의 '기계화 혁명'	전기 에너지 기반의 '대량생산 혁명'	컴퓨터와 인터넷 기반의 '디지털 혁명'	사물인터넷(IoT)과 빅데이터, 인공지능(AI)기반 '만물 초지능혁명'
영향	수공업시대에서 증기기관을 활용한 기계가 물건을 생산하는 기계화 시대로 변화	전기와 생산조립 라인의 출현으로 대량생산 체계 구축	반도체와 컴퓨터, 인터넷 혁명으로 정보의 생성·가공 공유를 가능케 하는 정보기술시대의 개막	사람, 사물, 공간을 연결하고 자동화 지능화되어 디지털·물리적·생물학적 영역의 경계가 사라지면서 기술이 융합되는 새로운 시대

었다. 이에 따라 산업혁명 이후 25년 가까이 유지해 온 '소품종대량생산' 패러다임에서 개별 고객의 다양한 니즈를 반영하기 위한 '다품종 소량생산' 시대로 조금씩 변곡점을 지나고 있다.

• 매스 커스터마이제이션이란? •

더 이상 동질적이지 않은 시장 환경에서 고객의 니즈를 정확하게 파악하여 제품과 서비스를 제공하는 것으로, '개별 고객의 니즈에 맞춰 주문 생산된 제품 및 서비스를 대량생산_{Mass Production} 함으로써 낮은 비용으로 제공하는 시스템'으로 정의할 수 있다.

이전까지는 대량생산과 주문생산은 양립할 수 없다고 생각해 왔다. 그러나 구미를 중심으로 이 두 가지를 융합시켜 탁월한 성과를 거두는 기업이 나타나기 시작하였고 또한 최근 들어 스마트 기술이 발달하면서 비교적 적은 비용으로 다양한 고객의 니즈를 반영할 수 있는 대량고객화 생산시스템의 구현이 가능해 짐에 따라 실현이 가능하게 되었다.

이에 대한 사례로서, 독일 'ARENA 2036' 프로젝트에서는 컨베이어 생산방식을 대체하는 대량맞춤 생산방식 개발 프로젝트를 진행 중이며, 이는 독일 자동차 산업 150주년이 되는 2036년까지 임무를 완성한다는 초거대형 산학협력 프로젝트이다.

매스 커스터마이제이션을 통해 크게 발전한 미국 기업으로 PC 제조업체인 '델 컴퓨터사'를 예로 들 수 있다. 이 회사의 기본 전략

[그림7-2] ARENA2036-Active Research Environment for the next Generation of Automobile

[그림7-3] 대량고객화 경영방식 모형

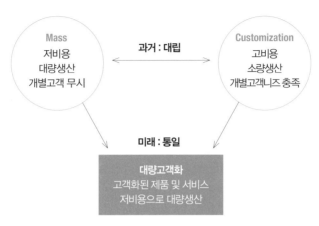

출처 이덕청(2001). 매스 커스터마이제이션 혁명. LG경제연구소. p.4.

은 전화로 고객의 주문을 받은 후 고객이 원하는 기능을 갖춘 제품을 조립 생산하는 것이다.

이 회사는 생산 단계에서 고객의 주문과 생산시점을 동시에 이루어질 수 있도록 하는 것을 경쟁력 확보의 핵심으로 간주하고 있다. 특히 주문 생산품을 소량 생산하는 것이 아니라, 대량 생산하는 체제를 갖추고 있다는 점이 다른 기업과 구별되는 특징이다. 이를 통해 델 컴퓨터사는 2000년경부터 급속히 두각을 나타내며 PC 시장의 대기업으로 성장하였다.

델 사의 예에서 볼 수 있는 주문 생산방식은 단순히 제품 및 서비스의 라인업을 확충하는 다품종화와는 명백히 다른 개념이며,

이는 고객의 니즈에서 출발하여 비즈니스를 전개할 수 있도록 기업 활동 전체를 혁신하는 것을 전제로 하고 있다.

이러한 의미에서 매스 커스터마이제이션은 기업 경영에서 비연속적인 혁신이 필요한 새로운 패러다임이라 할 수 있다. 매스 커스터마이제이션과 기존의 대량생산 체제를 유지하며, 지속적인 개선을 하기 위해서는 조직 구조와 업무 프로세스, 경영관리 시스템 등에 대한 광범위한 혁신이 필요하다.

매스 커스터마이제이션을
• 어떻게 실현할 수 있을 것인가? •

매스 커스터마이제이션은 개별고객의 니즈에 대응하는 것을 목적으로 개발, 생산, 판매 등의 모든 기업 활동 프로세스에서 고객의 주문을 맞출 수 있는 가능성을 찾아내는 것을 통해 달성된다. 이와 같은 점을 근거로 하여 기업이 매스 커스터마이제이션을 실현하는 방법을 생각하면 현실적으로는 다음 네 가지 접근법을 고려할 수 있다.

첫째, '표준화한 제품 및 서비스에 고객의 니즈에 맞춘 서비스를 추가하는 방법'이다. 이는 제품 개발이나 생산 활동 자체는 표준화된 프로세스로 진행하지만, 그 후의 판매, 배달 시점에서 고객화한 서비스를 추가하는 것으로 가장 실천하기 쉬운 방법이다.

호텔업계의 사례로서 미국 매리어트 인터내셔널의 서비스를 들수 있다. 이 회사는 최고급 호텔, 출장 비즈니스맨 전용 호텔, 장기체류자 전용 호텔 등 고객의 니즈에 따라 각기 다른 호텔 체인망을 구축하였다. 나아가 '고객식별 시스템'을 이용하여 고객이선호하는 층수, 침대 크기, 금연 및 흡연 여부, 수영장과 트레이닝설비 등 다양한 요소에 맞춰 쾌적한 환경의 객실을 고객의 니즈에 맞춰 제공하고 있다. 숙박 고객의 객실에 대한 기호를 데이터베이스에 기록해 둠으로써 두 번째 이용부터는 또다시 희망사항을 묻지 않아도 데이터에 근거하여 객실을 준비할 수 있게 된다.

원래 이러한 유형의 고객화는 역사가 오래되어, 64년에 개발된미국 IBM사의 시스템/360에도 이미 도입되었다. 시스템/360은

[그림7-4] **표준화한 제품에 고객의 니즈를 맞춘 서비스를 추가한 고객화 사례**

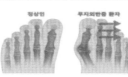

표준화된 프로세스로 대량생산된 최초의 컴퓨터였는데, 판매시점에서 고객의 니즈에 맞춰 각기 다른 소프트웨어를 설치함으로써 고객화를 실행했다. IBM은 당시 고객화의 과제를 영업부의 책임으로 하여, 컴퓨터가 공장에서 출하되어 사용자에게 배달되는 과정에서 고객의 개별 요구를 제품에 담아내는 기법을 사용하였다. 이후, 컴퓨터 업계를 중심으로 이러한 비즈니스 스타일이 일반화되어 고객화의 초보적인 기법으로 정착했다.

일상에서 쉽게 경험할 수 있는 이러한 유형의 사례로는, 맞춤양복점이나 무지외반증 등 신체적 특징을 고려하여 제작되는 구두전문점, 신체장애자들에 맞춘 보조기, 신발 등을 들 수 있다.

매스 커스터마이제이션을 실현하는 두 번째 방법은 '하나의 제품 기능 자체를 통해 고객화를 실현하는 것'이다. 고객은 On-OFF 매장에서 제품과 서비스를 검색하고 선택하는 소극적인 역할에서 벗어나, 적극적으로 제품 생산과 판매에 관여하고 권리를 행사하거나 혹은 자신이 원하는 제품을 직접 디자인하고자 하는 욕구를 갖고 있다. 이러한 고객의 니즈를 반영하여 고객에게 셀프서비스 기능을 수행할 수 있도록 하는 이 방법은 본질적으로 대량생산 프로세스와 차이가 없지만, 개발단계에서 고객화된 기능을 첨가한 제품을 만들어내는 특징이 있다.

이 방법으로 성공을 거두고 있는 예로 스포츠 신발을 생산하는

미국 리복 인터내셔널사를 들 수 있다. 이 회사는 '펌프'라는 제품
의 신발 밑판에 공기압 조절기능을 도입하여 착지시의 충격을 완
화할 수 있는 공기압을 각자의 조건에 맞추어 신을 수 있도록 하
는 연구를 했다. 또한, 스포츠용품 전문점인 미국 게임피트사는
수많은 스포츠 신발에 맞는 각각의 깔창을 개발, 판매하여 고객
각자의 요구를 만족시키고 있다.

사무용품에서도 고객별 체형과 습관, 건강상태를 배려한 제품
을 개발하여 성공한 예가 많다. 예를 들어 미국 스틸케이스사의
의자 '클레이테온' 시리즈는 등받이의 높이, 팔걸이 높이, 고리식
발걸이 높이, 등받이 각도, 좌석의 각도, 팔걸이 폭의 6가지 요소
를 직접 조절할 수 있도록 설계되어 있다.

패스트푸드 업계에서는 매장 수 및 분포지역 기준 세계 1위 프
랜차이즈 회사인 미국 서브웨이를 들 수 있다. 이 회사는 전 세계
111개국 약 45,000개 매장을 보유하고 있으며, 국내에서도 2005

[그림7-5] 리복, 인스타펌프 퓨리 프로토타입, 스태쉬(한정판) 운동화

[그림7-6] 셀프서비스 기능을 추가한 고객화 사례

·2015.9 미국 패스트푸트 업계의 성공신화를 쓴 별
·프레드 드루카(21세 창업, 자본금 100만원)
·슬로건 : '세상에서 가장 건강한 패스트푸드를 만들자'
·개인별 취향에 맞춘 신선한 야채가 듬뿍 들어있는 샌드위치

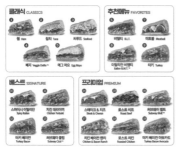

년 한국 지사 설립 이후 2018년 기준 335개의 매장을 운영하고 있다. 이 회사는 개인별 취향에 맞춰 고객이 스스로 샌드위치를 만들 수 있도록 시스템을 갖추고 있다.

매스 커스터마이제이션 실현의 세 번째 방법은 '생산의 최종단계를 고객에게 무한히 가까운 지점으로 옮기는' 방법이다. 고객이 원하는 물건을 정확하고 빠른 시간에 제공하기 위해서는 판매시에 고객의 희망사항을 듣고, 그 이후 신속하게 생산을 하는 것이 가장 이상적이다. 이는 판매와 생산 또는 배달과 생산을 동시에 진행시킴으로써, 이러한 이상을 실현 하고자 하는 것이다.

이러한 방법의 예로 가장 잘 알려진 것은 배달 피자 사업일 것이다. 배달 피자점을 체인화하는 기업의 대부분은 주문받은 상품의 신속한 배달을 장점으로 내세우며, 주문을 받은 후 재빨리 피자를 구울 수 있는 시스템을 구비하고 있다. 그 중에서도 도미노 피자는 위성통신을 사용하여 미국 국내의 어느 곳에서 주문을 하더라도 30분 이내에 배달 할 수 있는 시스템을 구축하고 있으며, 나아가 배달하는 차안에서 피자를 구우려는 시도까지 실시하고 있다.

또한, 미국의 손해보험회사인 프로그레시브 코포레이션은 보험금 청구 절차를 현장에서 완벽하게 처리함으로써, 보험금 지불까지의 리드타임을 크게 단축시켰다. 예전에는 보험금 청구를 사무실에서 일괄 처리하여 수주일 간의 시간이 필요했는데, 이 회사는 3시간 이내에 해결해 준다. 이러한 서비스를 가능케 하는 최대 포인트는 손해사정 담당자가 차로 고객이 원하는 장소까지 신속히 갈 수 있는 체제를 24시간 가동시키고 있다는 점이다.

사고를 일으킨 보험 계약자가 고객 센터에 전화를 하면, 교환수가 직접 적당한 담당자의 차로 연락을 취하여 계약자와 2시간 내에 만날 수 있도록 준비한다. 이러한 연락을 받은 담당자는 사고 현장이나 계약자의 자택으로 가서, 그곳에서 바로 서류처리 등 필요한 업무를 완결 짓는다. 담당자가 탄 차에는 PC, 모뎀, 팩스 등이 상비되어 있어, 본사의 보험금 청구 처리 시스템에 언제라도 접속할 수 있도록 되어 있다.

이러한 시스템을 통해 담당자는 사고를 당한 고객의 이야기를 들으면서 필요한 서류를 작성할 수 있게 되었다. 이 회사는 이러한 시스템의 도입으로 고객의 커다란 호응을 받고 있으며, 보험금 청구를 처리하는데 드는 비용도 종래의 일괄처리방식에 비해 절감시키게 되었다고 한다.

매스 커스터마이제이션의 실현을 위한 네 번째 방법은 세 번째 방법을 발전시켜 생산단계 까지 확대시킴으로써 '기업 활동의 프로세스 전체에 걸쳐 고객의 요구에 신속하게 대응할 수 있도록 하는 것'이다. 프로세스 전체에서 시간을 단축시키려는 전략은 '타임베이스 전략'이라고도 한다.

이 방법을 실천하고 있는 경우로는 먼저 산업용 톱 제조업체인 미국 피어스사를 들 수 있다. 이 회사는 톱날을 컴퓨터로 제어되는 레이저로 연마하는 시스템을 도입하여 생산 리드타임을 대폭 단축시키고, 이를 계기로 고객이 직접 새로운 톱날의 설계에 참여할 수 있는 시스템을 구축했다. 피어스사의 판매담당 직원은 본사의 컴퓨터 시스템과 연결된 단말기로 고객 기업의 담당자와 톱날의 설계에 대해 상담한다. 고객이 원하는 설계 사양은 단말기를 통해 즉시 본사 시스템으로 전송되어, 제조 프로세스로 전달된다. 이러한 구조를 통해 이 회사는 전체 기업 활동을 고객화해 나가는데 성공하고 있다.

[그림7-7] 프로세스 전 과정에서 고객의 니즈를 반영한 고객화 사례

·세계에서 가장 많은 안경 매장을 보유한 일본 안경 판매점
·전세계에 1,200개가 넘는 매장으로 성장하였고, 컴퓨터 그래픽
인터렉티브 시스템을 통하여 개인별 맞춤형태의 안경을 제공

고객의 얼굴을 디지털 사진으로 찍고

속성을 분석, 고객이 원하는 종류, 렌즈크기와
모양에 만족할 때까지 렌즈의 모양과 크기를 조정

기술자는 렌즈를 갈아
한시간 만에 제작

사진으로 제시된 안경의
디자인을 보고 제안

디자인을 완료하기 위해 코다
리,경첩 칩 다리에 대한 다양
한 옵션 선택 가능

　세계에서 가장 많은 안경 매장을 보유한 일본의 파리미키사의 경우, 안경 제작의 생산단계에서부터 고객의 특징을 고려하고, 중간 제작단계에서 고객의 속성을 분석하여 고객이 원하는 안경의 종류와 모양에 만족할 때까지 렌즈의 크기와 모양을 조정함으로써 안경 제작의 전체 프로세스에 고객의 특성과 니즈를 반영하고 있다.

　프로세스 전체의 고객화라는 점에서, 국내 증권사의 금융상품 중 파생결합증권인 ELS/DLS 상품의 개발 및 판매 프로세스도 선진사례의 하나라고 할 수 있다. 파생결합증권은 거래 전 상품의 가격 및 수익률쿠폰, 위험도, 만기 등 상품구조 및 조건 등을 미리

확정하여야 하는 옵션이 내재_{Embeded} 된 파생상품의 속성을 지닌 금융상품이다. 국내 증권사의 경우, 이러한 파생결합증권의 특징을 고려하여 ELS/DLS 상품의 개발 시부터 상품 조건에 대해 고객과 사전에 협의함으로써, 고객의 니즈를 반영한 다양한 상품을 제공하고 있다.

커스터마이제이션의
• 성공적 실현을 위한 선행 요인 •

기업이 커스터마이제이션을 효과적으로 실현하기 위해서는 기본적으로 다음의 세 가지 선행 요인을 강화해야 한다.

첫째, '고객에 대한 이해'이다. 이는 고객의 니즈를 이해하고 파악하기 위한 요인으로 고객의 나이와 성별, 직업과 개별 선호도에 따라 차별화된 제품과 서비스를 제공하기 위한 것이다. 고객과의 지속적인 관계 유지를 통해 파악된 고객의 기호와 특징에 따라 고객별로 세분화 체계를 구축한 다음, 이를 통해 고객의 행동을 예상함으로서 고객의 요구수준을 충족시키는 고객화를 실현할 수 있다.

고객에 대한 이해 정도가 높아질수록 고객과의 상호관계가 긴

[그림7-8] 고객화의 선행 요인

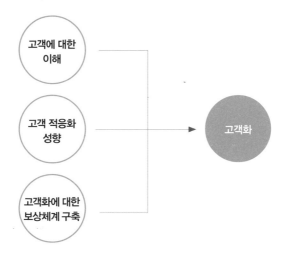

출처 Gwinner, K.P., Bitner, M. J., Brown, S. W. & Kumar, A(2005), "Service Customization Through Employee Adaptiveness", Journal of Service Research, 8(2), p.135.

밀해지며 이를 통해 고객의 니즈를 충족시킬 수 있는 더 높은 수준의 제품 및 서비스 제공이 가능하게 된다. 예를 들어 앞의 매스 커스터마이제이션 실현을 위한 네 번째 방법으로 제시한 국내 증권사의 파생결합상품 시장의 경우, 파생결합증권의 특징을 고려하여 고객을 이해하여야 한다. 즉 파생결합증권은 거래 전 상품의 가격 및 수익률쿠폰, 위험도, 만기 등 상품구조 및 조건 등을 미리 확정하여야 하는, 옵션이 내재된 파생상품의 속성을 지닌 금융상품이다. 이에 따라 주식이나 채권 등 일반 금융상품에 비해 상품구조가 복잡하므로 어느 정도 파생결합증권에 대한 상품관련 지식을 필요로 한다. 따라서 고객의 집단특성과 금융상품에 대한 투자자의 성향 및 투자경험 등을 고려한 상품 고객화가 필요하다. 이러한 파생결합증권의 특성을 고려하여 기업은 고객에 대한 이해를 위해 고객의 성별 및 연령대, 그리고 파생결합증권의 거래기간, 거래횟수 등을 파악하여야 한다.

둘째는 '고객의 개별적 성향에 적응하는 것'이다. 이는 고객과의 관계유지를 지속하기 위한 것으로 고객과의 상호작용시 항상 성실성을 유지하며 고객에 대한 직원 자신의 행동을 모니터링 함으로써 고객의 변화된 행동에 맞춰 개선할 수 있도록 하는 것이다. 고객의 변화에 맞춰 직원의 행동방식을 개선할 수 있는 역량이 높아질수록 고객행동에 대한 적응력이 높아지게 되며 이를 통해 더 높은 수준의 제품 및 서비스의 고객화가 가능하게 된다.

앞의 파생결합증권 시장의 사례에서, 기업은 파생결합증권의 거래조건을 결정하기 전 고객과의 상호작용을 충분하고 성실하게 수행하고 또한 고객이 거래조건에 대해 불만족하거나 혹은 거래조건을 변경하고자 원하는 경우 고객이 원하는 조건을 가능한 충족시킬 수 있도록 담당직원의 역량을 지속적으로 개선하여야 한다.

셋째, '담당직원의 고객화 성과에 대한 적절한 보상체계의 구축'이다. 고객화를 수행하는 담당직원은 자신의 노력에 따른 성과에 대해 적절한 보상이 주어지지 않을 경우 특별하게 고객화를 위해 노력하지 않을 가능성이 크다. 이는 Campbell[1990, p.706]이나 Sujan, Weitz, and Kumar[1994] 등 많은 학자들에 의해 검증을 통해 주장된 것으로, 고객화를 수행하는 담당직원들의 성과에 따른 체계적인 보상시스템의 구축이 필요하다.

제8장

서비스
직원만족도 향상

직원만족이 고객만족을 가능하게 한다

'품질을 통한 리더십Leadership Through Quality'이라는 품질개선 프로그램을 추진하여 미국의 국가품질상인 볼드리지상을 수상한 제록스Xerox사의 컨즈David T. Kearns 사장은 "조직구성원의 참여와 그들의 만족이 없으면 품질프로그램은 결코 성공할 수 없다"라고 말한 바 있다. 그는 특히 노동조합의 간부를 품질프로그램에 참여시킴으로써 조직구성원들의 적극적인 참여를 유도할 수 있었다고 말하였으며 이 말은 노동조합의 영향력이 큰 우리나라 기업에 시사하는 바가 크다.

이나모리 가즈오稻盛和夫 교세라그룹 명예회장도 "기술력만으로는 좋은 기업을 만들 수 없으며 직원들의 마음을 잡아야 1+1=10이 될 수 있다"라고 하였으며 "직원과 함께 번영해야 회사도 존재한다는 철학은 수십 년 뒤에도 통용되는 경영 원리"라고 강조하였다.

출처 유한주 저, 품격경영, 한국표준협회미디어, p.173

• 왜 직원만족이 중요한가? •

직원만족은 경영성과를 극대화하기 위해서 직원들로 하여금 각자의 업무에 전력을 다하게 하는 수단이다. 저자가 평가와 자문을 위해 방문한 국내의 기업에서도 직원만족의 중요성을 강조하는 기업이 간혹 있었지만 체계적으로 측정하고 개선해 나가는 노력을 기울이는 기업은 많지 않은 것 같다. 특히 최근에 관계 기관이 정부부처나 공공기관에 대해 고객만족도를 높일 것을 요구하면서도 정작 구성원에 대한 배려와 존중은 고려되지 않고 있어 '직원만족 없이 고객만족 없다'라는 말을 무색하게 한다. 민간기업이든 정부부처이든 공공기관이든 고객만족만을 강조하고 그 근간이 되는 직원만족을 소홀히 할 경우 고객만족의 성과를 기대할 수 없을 뿐만 아니라 결국에는 조직의 경쟁력을 훼손시키는 상황을 피하기 어려울 것이다.

• 직원을 만족시키려면 어떻게 해야 하는가? •

예전에 저자는 중소기업 경영자들을 대상으로 직원만족의 중요성을 강조하는 강의를 마친 후 질의응답 시간에 어떤 경영자가 이렇게 질문을 한 적이 있다.

"직원을 만족시키는 것이 중요하다는 점은 동의하지만 결국 월급을 올려줘야 직원이 만족하지 않나요?" 여기에 대한 답은 허쯔버그의 二要因理論Herzberg's two factor theory이 적절한 답이 될 수 있다.

허쯔버그는 직무에 대해 만족감을 주는 요소와 불만을 야기하는 요소는 상당한 차이가 있다고 주장하였다. 즉 성취감, 인정, 그리고 책임감 등과 같은 내재적 요인은 직무에 대한 만족감을 주는 요인이고 반면에 조직 내의 정책이나 감독, 인간관계, 작업조건, 임금 등과 같은 외적인 요인은 불만과 관련된 요인으로 간주하였다. 따라서 불만요인에 문제가 생기면 직원들이 불만을 갖게되며 이 불만요인이 해소되더라도 불만이 없어지는 것이지 만족감이 생기는 것은 아니라는 것이다. 그는 실증적 연구를 통해 전통적으로 믿어 왔던 만족의 반대가 불만족이라는 견해가 잘못된 것이라고 주장했던 것이다.

허쯔버그의 二要因理論에 의하면 임금과 같은 불만족요인이 직원의 만족도를 높이는데 영향을 미치는 것이 아니므로 직원의 만족도를 제고하려면 성취감, 인정, 책임감 등과 같은 내재적 요인이 직원들에게 적절히 제공되어야 한다. 물론 감독, 인간관계, 작업조건, 임금 등과 같은 불만족요인이 적절히 제공되어 직원들의 불만이 발생하지 않아야 하지만 이것만으로는 만족도를 제고시킬 수는 없다는 의미이다.

물류 부문의 글로벌 우량기업인 페덱스_FedEx_는 자체 인공위성을 포함하여 소유 항공기 대수만 680대에 이른다. 항공기 보유대수만으로는 세계 2위의 항공사 규모이다. 주목할 만한 것은 그들이 소유한 화물기 조종실 바로 밑에 새겨져 있는 기명機名은 모두 페덱스에서 일하는 직원들의 자녀 이름이라고 한다. 보통 일련번호를 붙여 1호기, 2호기 등으로 표현하는 방식과는 발상이 다르다. 이러한 방식으로 직원들에게 인정, 책임감, 성취감 등을 제공한다.

이것은 임금을 얼마 올려주는 것과는 비교할 수 없는 고차원적인 직원만족 제고 방법으로 직무충실화_Job Enrichment_의 대표적인 예라고 할 수 있다. 이러한 방법을 탄생시킨 배경에는 페덱스의 유명한 경영원칙인 'PSP_People-Service-Profit_'가 있다. PSP는 '직원을 최우선함으로써 고객에게 최상의 서비스를 제공하고 궁극적으로 이윤을 창출해나간다'라는 것으로 이들이 얼마나 직원을 중요시하는지를 단적으로 보여준다.

미국의 경제전문지인 포춘_Fortune_은 매년 신년호에 직원들의 만족도가 높아 일하기 좋은 직장을 의미하는 GWP_Great Work Place_ 100대 기업을 발표하고 있다. GWP의 선정 기준에는 [그림8-1]과 같이 세 가지가 있는데 조직 내부 구성원 간의 신뢰_Trust_, 업무에 대한 자

[그림8-1] GWP 선정기준

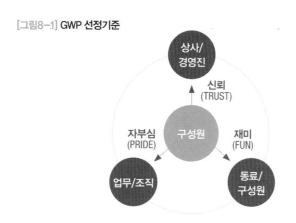

[표8-1] GWP 선정기준별 세부항목

구분		세부항목(배점)
TRUST	**Credibility**	사원간담회 (10) 개인면담 (10) 부서업무목표 (10)
	Respect	환경개선 (가감) 교육실적 (10) 금연활동 (가감)
	Fairness	상벌 (10) 학연,지연 (가감) 성희롱 (가감)
Pride		사회봉사 (10) 사랑의 구좌 (5)
Fun		동호회 (10)

부심Pride, 그리고 즐거움과 재미Fun이다. 이 세 가지 기준의 세부항목은 [표8-1]과 같다. 세부항목의 어디에도 임금이나 작업조건과 같은 내용은 없다.

　미국의 국가품질상Baldrige National Quality Award을 두 번이나 수상한 적

이 있는 리츠칼튼 호텔은 핵심가치로서 '황금표준Gold Standards'을 제정하고 있다. 그 황금표준에 포함되어 있는 'We Are Ladies and Gentlemen Serving Ladies and Gentlemen우리는 신사숙녀를 모시는 신사숙녀이다'이라는 말은 직원들의 자긍심을 높여 직원만족을 제고하고 궁극적으로 고객만족을 추구하는 대표적인 사례이다. 미국 포춘지가 선정한 가장 일하기 좋은 100대 직장 순위의 상위권에 오른 수퍼마켓 체인점인 웨그먼Wegmans은 '직원 먼저, 고객은 다음Employees First, Customers Second'이라는 경영원칙을 표방하고 있기까지 하다.

조직의 구성원인 직원의 중요성은 아무리 강조해도 지나치지 않기 때문에 '결국은 사람의 문제이다'라는 말까지 하지 않는가? 직원만족 없이는 고객만족이 있을 수 없기 때문에 직원만족은 서비스경영의 첫 출발이라 해도 과언이 아니다.

• 직원만족 우수 사례 •

😊 해고하지 않은 회사 : 어스본과 미라이공업

직원만족을 어느 정도 중시하느냐는 최고경영자의 경영철학에 전적으로 달려 있다. 국내외 여러 최고경영자들 중 직원을 'X이론'적으로 다루려고 하지 않고 'Y이론'적으로 대함으로써 직원만족의 모범이 된 최고경영자가 많이 있다.

미국의 어린이책 출판사인 '어스본'의 창업자 겸 CEO인 피터 어스본Usborne은 한 예가 될 수 있다. 그는 본인의 경영원칙 다섯 가지 중 하나로 '모든 직원이 안심하고 일하게 하는 것'을 설정하고 있다.

그는 언론사와의 인터뷰에서 다음과 같이 말했다. "어스본의 가장 큰 재산은 직원입니다. 창업 이래 지금까지 단 한 명의 직원도 해고한 적이 없습니다. 200명이 넘는 직원이 현재 어스본에서 일하고 있는데, 20년이 넘게 일한 사람이 30% 정도 되고, 직원들 평균 근속 기간은 10년이 넘어요.(중략) 물론 일을 못하는 사람도 가끔 보았지요. 그때 제가 한 고민은 '이 사람을 자르면 이익이 좀 더 남겠지만, 다른 직원들이 불안해하면서 근무 환경이 나빠지지 않을까'였습니다. 결국 저는 그 사람에게 약간의 경고를 하는 선에서 그쳤는데, 잘한 일이라고 생각합니다. 지금 생각해보면 창업 40년 넘은 어스본이 지금처럼 가족적인 분위기를 유지하는 데 있어서 '단 한 명도 해고하지 않은 회사'라는 타이틀이 큰 도움이 됐다고 봅니다."

중국의 洪自誠이 쓴 생활지혜서인 菜根譚에 나오는 글 중, "與人不可太分明 一切善惡賢愚 要包容得"이라는 말이 떠오른다. "사람을 다룰 때는 지나치게 분명히 하지 말고'너는 똑똑하다' 혹은 '너는 게으르다'라는 등으로 착하고 악하고 현명하고 어리석은 사람들을 모두 포용할 수 있어야 한다"라는 뜻이다.

일본 전기설비 제조업체인 미라이공업은 '샐러리맨의 천국'으로 불린다. 이 회사의 정년은 70세이며 채용된 직원에게는 모두 종신고용 원칙이 적용된다. 잔업이나 휴일근무, 정리해고 등은 이 회사와 관계없는 개념이다. 직원은 상부에 보고를 하는 경우도 없으며 자신의 업무량은 스스로 결정한다. 승진은 근속연수와 나이 순서대로 자동적으로 이루어지므로 남보다 먼저 승진하기 위해 실적을 올릴 필요가 없다. 그럼에도 불구하고 2,500억 원의 연매출을 올리고 월급은 동종 업계보다 10% 정도 더 높은 수준이다. 이 회사에서는 제안제도를 도입하고 있는데 구내식당 메뉴 개선부터 신제품 개발에 이르기까지 매년 1만 건에 달하는 제안이 제출된다. 그 결과물이 바로 2,300건에 달하는 특허이며 미라이공업 생산품의 98%는 직원들의 제안에서 나온 특허상품이다.

😊 직원을 믿고 권한을 위임하라 : 메릴린치 크레디트 코퍼레이션과 제록스 비즈니스 서비스 부문

메릴린치 크레디트 코퍼레이션MLCC은 종업원을 '파트너'로 부르고 있다. 파트너는 고객의 필요에 신속히 대응하기 위해, 또 자기계발을 위해, 솔선하여 스스로 책임을 지고 유연하게 행동할 수 있도록 장려되고 있다. 이를 위하여 1인당 평균 74시간의 교육연

수를 받고 있다. 또한 파트너 만족도는 지속적으로 상승하여 과거 42%에서 최근에는 75%까지 달하고 있다. 그 비결로는 파트너에 대한 권한위임을 들고 있으며 이것이 기업의 성공을 위한 결정적 요인이 되고 있다고 한다. 이 회사의 장점인 직원만족은 이 회사의 모회사인 메릴린치가 설정한 다섯 가지 이념 중 하나인 '개인존중_{Respect for the Individual}'에 그 뿌리를 두고 있다.

개인존중의 실현을 위해 이들은 몇 가지의 행동목표를 설정하고 있는데, 이들 중 '기회균등의 원칙과 능력을 최대한 활용할 수 있는 환경의 정비', '신뢰와 열린 환경의 육성', 그리고 '공정한 의견 표명과 반대의견의 존중' 등이 직원만족에 영향을 끼치고 있다고 평가되고 있다. 제록스 비즈니스 서비스 부문의 직원만족도는 과거 60%대에서 최근에는 80%까지 향상되었다. 그 주요한 이유로서 '권한을 위임받은 직원은 제록스 비즈니스 서비스 부문의 고객중시 기업문화의 중핵이다'라는 사고방식을 들고 있다. 그것을 위하여 일, 업무 프로세스, 업무환경 등이 다양한 고객의 요구를 만족시킬 수 있도록 개인이나 업무그룹마다 설계되어 있다. 바로 'CS_{고객만족}=ES_{직원만족}'이라는 사고방식이다.

게다가 제록스 비즈니스 서비스 부문은 '모든 프로세스는 권한을 위임받은 직원을 위해서, 그리고 전체조직에 걸쳐서, 고객의 시점에서, 각 목표에 합치되도록 설계되어 있다'라고 권한위임을 강조하고 있는데, 이것은 직원만족의 주된 이유가 되고 있다. 종래의 프로세스를 근본적으로 개혁하는 것이 어려운 일본 기업의 속성을 감안하면 놀랄 만한 실행력이 아닐 수 없다.

이상과 같이 제록스 비즈니스 서비스의 강점은 '학습을 위한 환경, 권한위임, 변화의 전략, 제록스 관리모델, CS=ES' 등이지만, 여기에 조직을 수평조직으로 재구축하여 유연성을 가지게 함으로써 직원의 만족이 높아지고 있는 것이다.

💬 임원과 직원의 격차를 최소화하라 : 홀푸드마켓

미국 유기농 전문 슈퍼마켓 체인인 홀푸드마켓의 직원 가운데 상당수는 이민자와 소수민족으로 구성되어 있다. 이들은 스톡옵션과 성과급을 받을 수 있는데 일반적인 미국 대기업의 경우 스톡옵션의 약 70%를 임원들이 보유하지만 이 회사는 단 7%만을 임원에게 배정하고 나머지 93%는 직원들이 보유한다. 특히, 고위 경영진의 임금은 임직원 평균 임금의 19배를 넘을 수 없는데 이는 임원 연봉이 20배 이상일 경우 불공정하다는 인식을 갖게 된다는 연구결과에 따른 것이다.

이 회사는 매년 '미국에서 일하기 좋은 100대 기업'에 이름을 올릴 뿐만 아니라 다양한 사회공헌 활동으로도 좋은 평가를 받고 있다. 다만, 입사 조건도 특이하고 까다롭다. 한 달 동안 인턴활동

[그림8-2] 홀푸드마켓

을 한 후 함께 일한 직원의 3분의2 이상이 동의해야만 입사가 가능하다. 주요 인사결정권을 경영진이 아닌 직원에게 주는 것이다.

😊 직원을 신뢰하라 : 사우스웨스트항공

사우스웨스트항공은 1971년에 파격적인 운임과 상식을 뛰어넘는 엉뚱한 경영전략으로 항공업계에 진입한 기업이다. 1978년 미국 항공업계의 규제완화에 의한 자유경쟁 속에서 120개의 항공회사가 도산했지만, 사우스웨스트항공은 1973년 이후 미국 항공회사 중 유일하게 매년 이익을 내고 있다. 이 회사는 1995년 연차보고서Annual Report에 직원중시 사상과 직원에의 권한위임을 여섯 가지 성공의 비밀 중의 하나로 언급한 바 있다.

"우리는 선 밖에 색을 칠하는 사람, 즉 엉뚱한 서비스가 가능하도록 창조적이며 적극적으로 봉사하는 사람을 채용한다"라고 인재담당 부사장인 엘리자베스 서틴은 말한다. 이 회사는 사람을 중요시한다는 의미에서 매년 발렌타인데이에 텍사스의 러브필드에 있는 본사 로비에서, 고객접점 활동을 하고 있는 사람과 고객의 눈에 띄지 않고 이면에서 훌륭한 공헌을 하고 있는 사람을 표창하는 '마음의 영웅상Heroes of the Heart'이라는 성대한 축하 행사를 진행한다. CS고객만족는 ES직원만족가 있고 나서야 가능하다는 허브 켈허 회장의 신념이 배어 있는 행사이다. 켈허 회장과 직원간의 파트너십의 강도는 켈허 회장이 무척 좋아하는 헐리 데이비슨의 특별주문 오토바이를 모리스 공항의 파일럿과 사원들이 보냈다는 사실에서도 이해할 수 있을 것이다.

사우스웨스트항공의 강점은 경영자와 직원의 신뢰 위에, 권한을 위임받은 직원의 만족도가 극히 높다는 사실에 있다고 말할 수 있지 않을까?

이상의 사례에서 살펴본 바와 같이 고객만족의 출발점이 되는 직원만족을 위해서는 우선적으로 직원우선 경영원칙이 수립되어야 하고 직원만족도 수준을 측정하기 위한 활동이 추진되어야 한다. 이 때 직원만족도를 결정하는 주요 변수를 과학적인 방법에 의하여 선정하여야 하며 신뢰성이 확보될 수 있는 조사방법에 의하여 조사가 이루어져야 한다.

　이러한 직원만족도 조사는 지속적으로 이루어져 그 추세가 파악되어야 한다. 또한 조사결과를 분석하여 문제점을 파악하고 해결책을 제시함으로써 개선이 이루어져야 한다. 일반적으로 취할 수 있는 해결책으로서는 복리후생시설의 확충, 자기계발 기회의 제공, 공정하고 합리적인 인사제도의 운영, 직원의사의 존중 및 의사반영 기회의 확대 등이다.

제 9 장

서비스
평가 모델

서비스 평가 결과의 활용은 고객만족을 가능하게 한다

 에버랜드가 한국표준협회 '2019 한국서비스품질지수KS-SQI' 테마파크 부문에서 1위를 차지했다. 조사가 진행된 20년 간 연속으로 수상한 쾌거를 이뤘다. 지난 1976년 국내 최초의 가족공원인 '자연농원'으로 출발한 에버랜드 리조트는 지난 40여 년간 국내 여가문화를 세계적인 수준으로 끌어올렸다. ▶40여 개의 매력적인 어트랙션 ▶세계적 수준의 사파리 ▶방문할 때마다 새로움을 느낄 수 있는 다채로운 축제와 공연 등을 통해 대한민국 놀이문화를 선도하고 있다.

2008년 도입한 우든코스터 'T-Express'는 미국 '미치 호커'에서 세계에서 가장 스릴 있는 우든코스터로 선정됐다. 2011년 어린이를 위한 뽀로로 3D 어드벤처에 이어 2012년에는 어린이 전용시설 '키즈커버리Kizcovery'와 움직이는 전망대 '스카이 크루즈'를 오픈했다.

최근 들어서는 동식물·어트랙션에 첨단기술을 결합한 새로운 IT 파크로 변신하고 있다. 2016년 오픈한 판다월드에선 가상현실VR 기기로 구현한 고화질 영상과 교육 콘텐트로 판다의 생태적 특성을 이해하고 학습한다. 2017년엔 혁신기술을 보유한 스타트업 기업과 함께 로봇과 VR 콘텐트를 결합한 4차원 체험시설 '로봇VR'을 국내 최초로 도입했다. 지난해에는 실내에서 승용기기를 타고 화면 속 유령들을 저격하는 '슈팅고스트'를 개발했다. 한편 에버랜드 동물원 주토피아에는 200여 종, 2000여 마리의 동물이 전시돼 있다. 사파리월드와 유인원 테마공간 몽키밸리 등을 통해 수준 높은 동물 체험을 할 수 있다.

출처 중앙일보. 2019. 10. 29.

• 서비스 평가 모델, 왜 중요한가? •

서비스 기업이 제공하는 서비스의 품질을 내·외부 고객을 대상으로 주기적으로 평가하여 미흡한 부분은 개선하고 잘하고 있는 부분은 계속 확대해 나간다면 매출을 증대시키고 수익을 늘려나갈 수 있다. 사람이 매년 1차 건강검진을 받고 병이 의심되는 부분들은 2차 심층검진을 통해 미리 아픈 부위를 찾아내서 고쳐나가면서 건강을 유지할 수 있는 것처럼 서비스 기업들도 매년 서비스 품질 평가란 건강검진을 통해 아픈 부위를 찾아서 큰 병이 되기 전에 미리 고쳐나간다면 고객의 사랑을 받는 건강한 기업으로 거듭날 수 있다.

이를 위해 서비스 기업은 당사의 과거 수준과 비교하여 개선해 나감은 물론 경쟁사와의 비교를 통해 경쟁 우위를 확보해 나가는 것이 바람직하다. 특히 동종업종은 물론 다른 업종의 서비스 품질 평가 우수기업들과 비교하여 당사의 약점을 개선하고 강점을 강화해 나가는 벤치마킹 전략을 잘 활용해 나가는 것이 중요하다. 이 경우 서비스 기업이 현재의 서비스 품질 문제를 통계적 문제로 전환하여 해당 문제에 대한 통계적 해결방안을 강구하고 이를 통해 서비스 품질 현상 문제를 해결해 나가는 시스템적 사고

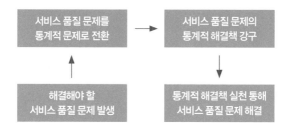

[그림9-1] 서비스 품질 문제 해결의 시스템적 사고

를 갖추는 것이 하나의 좋은 방안이다. 예를 들면 서비스 기업 A의 서비스 품질 수준을 '좋다'라는 정성적 표현으로 평가할 경우 일반적으로 그 수준을 추정하기가 쉽지 않다. 그런데 고객이 기대한 수준 또는 국내 최고 기업 수준을 5점이라고 할 때 당사의 서비스 수준이 4점이라고 정량적으로 표현한다면 그 수준을 정성적으로 표현하는 경우보다 현재 수준을 판단하기가 보다 용이하다.

따라서 서비스 기업이 서비스 평가 모델을 활용하여 정량적으로 서비스 수준을 평가한다면 경쟁기업 간 또는 당사의 과거 수준과의 비교는 물론 서비스 품질 수준의 목표를 설정하고 목표 달성 여부를 판단할 때 그렇지 않은 경우보다 용이하게 할 수 있다. 그러면 이하에서는 서비스와 서비스 품질의 개념, 그리고 서비스 품질 평가를 추진하고자 하는 서비스 기업들이 벤치마킹할 수 있도록 다양한 우수사례를 제시하고자 한다.

[그림9-2] 서비스 품질과 기업 성과

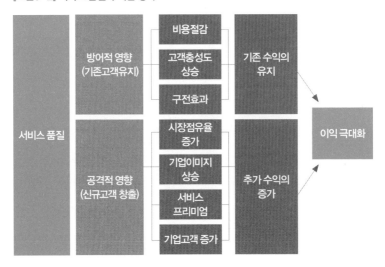

서비스란 다른 사람을 위해 제공된 봉사활동이나 요청에 의해 용역을 제공하는 것으로, 고객이 문제 해결을 위해 서비스 제공자와 상호작용을 하고, 그 결과 무형적 형태로 부가가치를 제공받는 모든 경제활동을 의미한다.

서비스 품질이란 서비스의 다양한 특성 때문에 정의하기 어려워 학자나 관점에 따라서 내용이 달라지기 때문에 일반적으로 Gap theory나 품질의 5가지 차원 등을 이용하여 서비스 품질을 정의하거나 측정한다.

서비스 품질은 고객만족의 선행 변수로서 직접 통제 관리될 수 있다. 고객에게 제공되는 서비스의 품질수준이 고객만족을 결정하는 주요 요인이며, 서비스품질을 잘 관리하면 고객만족도가 높아지고 이는 고객충성도와 기업수익에 긍정적인 영향을 미친다. 서비스 품질이 기업성과에 미치는 과정을 보면 [그림9-2]와 같다.

서비스 평가 모델
• SERVQUAL이란 무엇인가? •

서비스 품질을 측정하는 서비스 평가 모델 중에서 가장 일반화된 모형 중 하나인 SERVQUAL 모형은 미국의 파라수라만A. Parasuraman, 자이다믈V. A. Zeithaml, 베리Leonard L. Berry 등 세 사람의 학자1985에 의해 개발되었다.

SERVQUAL 모형은 서비스 품질 갭 모형Service Quality Gap Model에 근거한 고객만족을 조사하기 위한 도구로서 서비스 품질의 다차원을 측정한다.

Gap 모형은 고객의 기대수준과 실제 제공받은 서비스에 대해 인지한 수준의 차이를 이용하여 서비스 품질을 측정하는 방법으로, 고객이 서비스를 제공받는 과정을 세분화하고 각 과정에서 발생할 수 있는 차이를 이용하여 서비스 수준을 평가한다. 또한 서비스 품질의 차원별 정의는 다음 페이지의 [표9-1]과 같다.

Gap 1 : 고객의 기대와 경영자가 인식하는 고객의 요구와의 차이

Gap 2 : 경영자가 인식한 고객의 요구와 기업에서 제공되는 서비스 품
　　　　질 요소와의 차이

Gap 3 : 기업의 서비스 품질요소와 실제 제공되는 서비스와의 차이

Gap 4 : 실제 고객이 제공받는 서비스와 기업에서 제공해 주기로 한 서
　　　　비스와의 차이

Gap 5 : 고객이 기대했던 서비스와 실제 제공받은 서비스에 대한 차이

[그림9-3] 서비스 품질 갭 모형

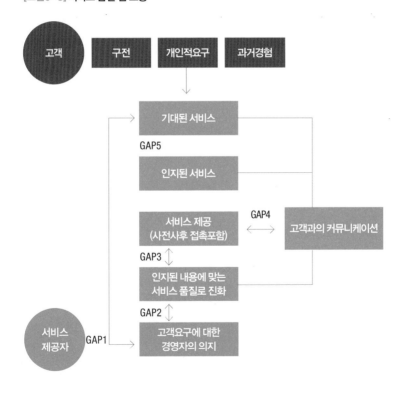

[표9-1] 서비스 품질의 차원별 정의

서비스품질 평가 10차원	SERVQUAL 5차원	SERVQUAL 차원의 정의
유형성	유형성	**서비스의 평가를 위한 외형적인 단서** 예) 물적 시설, 장비, 직원, 의사소통의 외형 등
신뢰성	신뢰성	**약속한 서비스를 믿을 수 있도록 정확하게 수행하는 능력** 예) 철저한 서비스 수행, 청구서의 정확도, 정확한 기록, 약속시간 엄수 등
대응성	대응성	**고객을 돕고 즉각적인 서비스를 제공하려는 의지** 예) 서비스의 적시성, 고객의 문의나 요구에 즉시 응답, 신속한 서비스 제공 등
능력	확신성	**서비스를 수행하는 데 필요한 기술과 지식의 소유 여부** 예) 조직의 연구 개발력, 직원과 지원인력의 지식과 기술 등
예절		**고객과 접촉하는 직원의 친절과 배려** 예) 직원의 정중함, 존경, 공손함 등
신빙성		**서비스 제공자의 진실성, 정직성** 예) 기업 평판, 기업명, 직원의 정직성, 강매의 정도 등
안정성		**위험, 의심의 가능성이 없는 것** 예) 물리적 안전, 금리적 안전, 비밀보장 등
가용성	공감성	**접근 가능성과 접근 용이성** 예) 전화예약, 대기시간, 서비스 제공 시간과 장소의 편리성 등
커뮤니케이션		**고객의 말에 귀 기울이고 고객에게 쉬운 말로 알림** 예) 서비스에 대한 설명, 서비스비용 설명, 문제해결 보증 등
고객의 이해		**고객 니즈를 알려는 노력** 예) 고객의 구체적 요구사항, 개별적 관심 제공, 사용/우량 고객 인정 등

출처   Parasuraman, A. et al(1985), "A Conceptual Model of Service Quality and Its Implication for Future Research", Journal of Marketing, Vol. 49, Fall, p.47. 유한주 외 4인, 서비스경영 4.0, 문우사, p.206.에서 재인용

• 한국의 주요 서비스 품질 측정 모형 •

한국 산업에서 활용되는 주요 서비스 품질 측정 모형은 국가고객만족도NCSI, 한국서비스품질지수KS-SQI, 한국산업의 고객만족도KCSI 등이 대표적이다.

① 국가고객만족도NCSI

● 한국생산성본부가 미국 미시간대학교의 국가품질연구소 National Quality Research Center와 공동으로 개발한 한국의 국가고객만족도NCSI, National Customer Satisfaction Index는 국내외에서 생산하여 국내 최종소비자에게 판매되고 있는 제품 및 서비스에 대해 해당제품을 직접 사용한 경험이 있는 고객이 직접 평가한 만족수준의 정도를 모델링에 근거하여 측정하여 계량화한 지표이다. NCSI의 최소 측정단위는 개별기업이 생산하는 제품 또는 제품군Product Line이며, 측정결과는 개별기업Company Level, 산업별Industry Level, 경제부문별Economic Sector Level 그리고 국가Nation Level 단위로 발표된다.

NCSI 모델은 제품 및 서비스에 대한 고객의 기대수준, 인지품질수준, 인지가치수준, 종합만족수준, 고객불만수준, 고객충성도, 고

[그림9-4] NCSI 모델

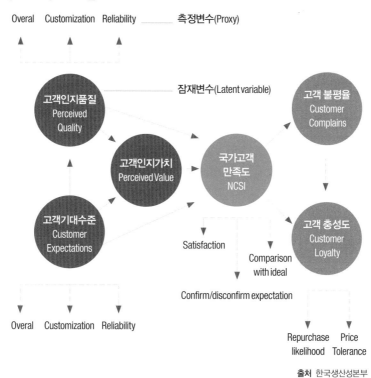

Overal Customization Reliability ――――― 측정변수(Proxy)

고객인지품질
Perceived
Quality ――――― 잠재변수(Latent variable)

고객 불평율
Customer
Complains

고객인지가치
Perceived Value

국가고객
만족도
NCSI

고객기대수준
Customer
Expectations

Satisfaction

고객 충성도
Customer
Loyalty

Comparison
with ideal

Confirm/disconfirm expectation

Overal Customization Reliability

Repurchase   Price
likelihood   Tolerance

출처 한국생산성본부

객유지율로 구성되어 있으며, 모델 구성요소 간의 인과관계를 종합적으로 분석할 수 있어 기존에 소개된 고객만족측정 모델에 비해 신뢰도와 완성도가 매우 높다.

특히 기업의 최대 관심사인 고객만족도의 변화가 고객 유지율로 대변되는 수익성에 어떻게 영향을 미치고 있는가를 NCSI Simulation Software를 통해 분석할 수 있다.

[표9-2] NCSI 설문 구성내용의 개요

구성개념(Construct) 잠재변수(Latent Variable)	측정변수(Measurement Variable)의 설명
고객기대수준	**구입 전 평가** · 전반적 품질 기대수준(Overall expectation of quality) · 개인적 Need충족 기대(Expectation regarding customization) · 신뢰도(Expectation regarding reliability)
인지제품 품질수준	**구입 후 평가** · 전반적 품질 수준(Overall evaluation of quality experience) · 개인적 Need 충족 정도(Evaluation of Customization experience) · 신뢰도(Evaluation of reliability experience)
인지서비스 품질수준	**구입 후 평가** · 전반적 품질 수준(Overall evaluation of quality experience) · 개인적 Need 충족 정도(Evaluation of Customization experience) · 신뢰도(Evaluation of reliability experience)
인지가치수준	· 가격 대비 품질 수준(Rating of Quality given price) · 품질 대비 가격 수준(Rating of price given quality)
고객만족지수	· 전반적 만족도(Overall satisfaction) · 기대 불일치(Expectancy disconfirmation) · 이상적인 제품 및 서비스 대비 만족수준 (Performance versus the customer's ideal product or service in the category)
고객불만	고객의 공식적/비공식적 제품 및 서비스에 대한 불만 (Has the customer complained either formally or informally about the product or service)
고객충성도	· 재구매 가능성 평가(Repurchase likelihood ratio) · 재구매시 가격인상 허용율 (Price-increasing -tolerance given repurchase) · 재구매 유도를 위한 가격인하 허용율 (Price-decreasing tolerance to induce repurchase)

출처 한국생산성본부

NCSI 우수기업 사례

 통신업체 사례(출처 : 매일경제. 2019.3.18.)

SK텔레콤이 한국생산성본부가 선정·발표하는 2019년 국가고객만족도(NCSI)에서 22년 연속 이동통신 부문 1위에 올랐다. SK텔레콤 측은 "22년 연속 국가고객만족도 1위라는 대기록을 쌓을 수 있었던 것은 고객들을 위한 상품·서비스의 개선과 고객 신뢰의 회복에서 비롯됐다"라고 평가했다.

SK텔레콤은 지난해 '고객가치 혁신 프로그램'을 도입해 8차례에 걸쳐 혁신적인 서비스를 선보였다. 우선 로밍 멤버십 약정 제도를 전면 개편했고 요금제 혁신과 고객사용 패턴에 최적화해 상품 서비스를 추천했다. 또 2018년 7월부터 상품·서비스 출시 전후로 사내 구성원 대상 품질 평가단을 운영해 불만·불편 요소를 사전에 감지한 후 조치하는 '나도 평가단'을 도입해 시행 중이다. SK텔레콤은 올해에는 고객맞춤혜택 확대 및 사회적 가치 창출 등 ICT 전 분야로 고객가치 혁신 노력을 확대한다는 방침이다.

먼저 고객 데이터에 AI기술을 접목함으로써 고객의 숨은 니즈를 파악해 맞춤형 상품·서비스를 제공하는 '통합 오퍼링 시스템'을 구축한다. 예를 들어 고객이 온라인 T월드에 접속하면 본인이 관심 있는 정보를 쉽게 발견하고, 취향에 맞는 요금제와 휴대폰 등을 추천받을 수 있다. 더불어 기존에 없던 혁신적인 5G 서비스도 선보인다. SK텔레콤은 세계적인 AR 디바이스 개발업체 '매직 리프'사와 제휴를 맺고 국내 통신시장에 'AR글래스'를 선보일 계획이다.

SK텔레콤 고객가치혁신실장은 "국가고객만족도NCSI 22년 연속 1위 달성은 SK텔레콤에 대한 고객의 신뢰를 다시 한 번 확인받은 것"이라며 "SK텔레콤은 고객이 자부심을 가질 수 있는 기업이 되도록 진정성 있는 고객가치 혁신을 해 나가겠다"라고 밝혔다.

 은행 사례(출처 : 한국경제. 2019.12.10.)

신한은행은 10일 서울 중구 롯데호텔에서 진행된 '2019 국가고객만족도' 조사에서 은행 부문 1위를 수상했다고 밝혔다.

은행 부문 3년 연속 1위다. 이번 조사에서 신한은행은 ▲고객을 위한 디지털 혁신 ▲탁월한 리스크 관리 능력 ▲소비자 보호 제도 ▲중소기업 및 개인사업자 고객 성공 지원 플랫폼 ▲기업의 사회적 책임 이행 등 다양한 분야에서 높은 평가를 받았다. 올해로 22회를 맞는 국가고객만족도 조사는 국내 소비자에게 최종 판매되는 제품, 서비스에 대해 고객이 직접 평가한 만족 수준을 측정·계량화한 고객지수이다. 한국생산성본부 주관으로 매년 진행되고 있으며 공신력을 인정받아 널리 활용되고 있다. 신한은행 관계자는 "고객의 소리에 더욱 귀 기울이는 동시에 새로운 고객 가치를 창출하기 위해 더욱 노력하겠다"고 말했다.

② 한국서비스품질지수 KS-SQI

● 한국표준협회와 서울대학교 경영연구소가 한국의 서비스 산업과 소비자의 특성을 반영하여 공동 개발한 한국서비스품질지수 KS-SQI : Korean Standard-Service Quality Index 는 해당 기업의 제품 및 서비스를 구매하여 이용해 본 고객을 대상으로 서비스 품질에 대한 만족도 정도를 조사하여 발표하는 서비스 산업 전반의 품질수준을 나타내는 종합지표이다.

　KS-SQI는 서비스품질 수준을 과학적으로 측정할 수 있는 모델로, 2000년 개발되어 한국마케팅학회 춘계 학술대회 및 마케팅연구, 한국서비스경영학회지 등에 발표하여 이론적 검증을 받았으

[그림9-5] KS-SQI 모형

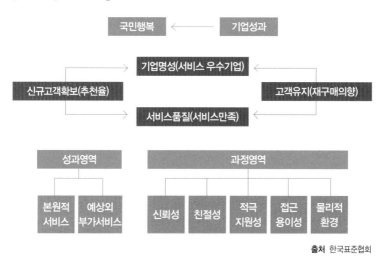

출처 한국표준협회

며, 매년 한국표준협회와 중앙일보가 공동으로 조사 발표하고 있다. KS-SQI 조사 모델은 기업의 서비스활동 과정에서 발생하는 Gap이 서비스품질 수준을 결정할 수 있다는 서비스 품질의 선행변수를 포괄하여 개발되었다. 구체적으로 설명하면, SERVQUAL 모델의 5개 차원 22개 항목을 기초로 하여 국내 서비스산업의 특성에 적합하게 세부 측정항목을 재조정하였으며 요인은 최종적으로 고객에게 전달되는 서비스 성과와 관련된 성과 차원 요인 2개와 서비스 제공과정에서 고객이 경험하는 것과 관련된 과정차원 요인 5개로 분류하고 있다

KS-SQI 우수기업 사례

 영화관 사례(출처 : 중앙일보, 2019.10.29. 영화관 그 이상의 편의성으로 호평)

롯데시네마가 한국표준협회 '2019 한국서비스품질지수_{KS-SQI}' 영화관 부문에서 1위를 차지했다. 8년 연속 수상이다.

롯데시네마는 'Happy Memories'라는 슬로건 아래 지난 20년간 영화관을 찾는 고객에게 행복한 기억을 선사하기 위한 다양한 노력을 해오고 있다. ▶영화관 상영 환경의 질을 높이고 ▶다양한

편의시설 제공 ▶차별화된 이벤트와 MD 상품 론칭 등이 대표적이다. 2017년 론칭한 '수퍼S_SUPER S'는 세계 최초의 '영사기 없는 상영관'으로, 삼성전자와의 협업을 통해 LED 스크린을 상영관에 접목한 특수관이다. 수퍼S는 기존 프로젝터 기반 극장용 영사기가 가진 화면 밝기와 명암비의 한계를 극복해 최상의 화질과 완벽한 실재감을 구현한다. 또한 세계 최대 스크린으로 기네스 인증을 받은 바 있는 '수퍼플렉스G_SUPER PLEX G'에는 국내 최초로 '듀얼6P_Primary 레이저 영사기'가 도입됐다.

💬 **제과점 사례**(출처 : 중앙일보, 2019.10.29. 최적의 제빵 발효종 '상미종' 개발)

㈜파리크라상의 대표 브랜드 파리바게뜨가 한국표준협회 '2019 한국서비스품질지수_KS-SQI' 제과점 부문에서 1위를 차지했다. 9년 연속이다. 파리바게뜨는 1988년 첫 매장을 연 이래 국내에 프랑스풍 베이커리 문화를 소개·발전시키며 베이커리 시장을 선도해왔다. 토종효모와 유산균을 혼합한 제빵용 발효종을 개발, 이를 적용한 '시그니처 브레드_Signature Bread'를 선보였다.

2016년 국내 최초 토종 효모 발굴 및 상용화에 이은 'SPC그룹 기초소재연구 프로젝트'의 두 번째 결실이다. SPC그룹의 SPC식품생명공학연구소는 토종효모 발굴 이후 서울대·충북대와 제빵 적성이 높은 유산균과 효모의 혼합발효에 관한 추가 연구를 진행,

최적의 제빵 발효종 개발에 성공하고 '상미종'이라고 명명했다. 발
효 과정에서 반죽 내 소화저해물질을 감소시켜 먹어도 속이 편한
것이 특징이다. 상미종을 적용한 시그니처 브레드는 5종이 있다.

③ 한국산업의 고객만족도_{KCSI}

● 한국능률협회컨설팅이 1992년 한국산업의 특성을 감안하여
개발한 한국산업의 고객만족도_{KCSI : Korean Customer Satisfaction Index} 는 한국
산업의 각 산업별 상품, 서비스에 대한 고객들의 만족 정도를 나
타내는 지수로서 미래의 질적인 성장을 보여주는 지표이다.

[그림9-6] **KCSI 모형**

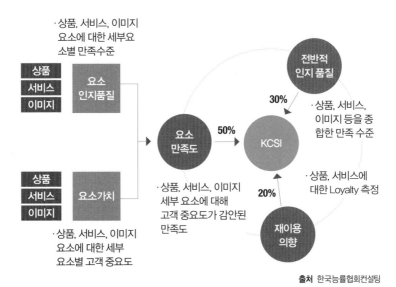

출처 한국능률협회컨설팅

[표9-3] KCSI 조사대상 산업

산업부분	2019년 KCSI 조사대상 산업
소비재 제조업 (26개)	1)과자 2)맥주 3)소주 4)식용유 5)아이스크림 6)우유 7)유산균발효유 8)음료 9)전통장 10)참치캔 11)홍삼가공식품 12)궐련형전자담배 13)남성정장 14)담배 15)생리대 16)샴푸 17)섬유유연제 18)세탁세제 19)아웃도어의류 20)여성내의 21)여성용기초화장품 22)정장구도 23)주방세제 24)치약 25)캐주얼화 26)화장지
내구재제조업 (23개)	1)가정용복합기(프린터) 2)가정용에어컨 3)가정용정수기 4)김치냉장고 5)냉장고 6)사무용복합기(복사기) 7)세탁기 8)휴대폰(스마트폰) 9)전기레인지 10)전기면도기 11)전기밥솥 12)PC 13)TV 14)가정용 건축자재 15)가정용가구 16)가정용보일러 17)경형승용차 18)부엌가구 19)블랙박스 20)승용차타이어 21)일반승용차 22)침대 23)RV승용차
일반 서비스업 (56개)	1)생명보험 2)신용카드 3)은행 4)자동차보험 5)장기보험 6)저축은행 7)증권 8)체크카드 9)대형마트 10)대형서점 11)대형슈퍼마켓 12)멤버십(포인트)(신규) 13)면세점 14)배달업(신규) 15)백화점 16)숙박앱(신규) 17)스크린골프(신규) 18)영화관 19)오픈마켓 20)인터넷서점 21)인터넷쇼핑몰 22)전자제품전문점 23)제과/제빵점 24)치킨프랜차이즈 25)커피전문점 26)패밀리레스토랑 27)패스트푸드점 28)편의점 29)프리미엄아울렛 30)피자전문점 31)학습지 32)헬스&뷰티스토어 33)TV홈쇼핑 34)검색포탈사이트 35)국제전화 36)내비게이션앱 37)시내/시외전화 38)이동전화 39)인터넷전화 40)IPTV 41)초고속인터넷 42)고속버스 43)도시가스 44)렌터카 45)무인경비 46)스키장 47)여행사(해외여행) 48)워터파크 49)저비용항공 50)종합레저시설 51)종합병원 52)주유소 53)콘도미니엄 54)택배 55)항공 56)아파트
공공서비스업 (10개)	1)고속도로 2)교육 3)등기 4)세무 5)수도 6)우편 7)전력 8)철도 9)치안 10)지하철

출처 한국능률협회컨설팅

KCSI는 국내에서 가장 오랜 역사와 공신력을 인정받고 있는 한국산업의 대표적인 고객만족 지수로서 일반 소비자들에게도 널리 알려져 있다. 이는 미국 고객만족도지수 ACSI_{American Customer}

^{Satisfaction Index}에 2년, 국내 NCSI에 6년 앞선 평가 모델로서 조사대상 산업이 전체 GDP의 약 75%를 차지할 만큼 국내 산업의 대표적 고객만족도 조사제도이다. KCSI 측정 모델 및 산출 방법을 보면, 전반적 만족도(30%), 요소 종합만족도(50%), 재이용(구입)의향 (20%)으로 측정되고 있고 모델은 [그림9-6]과 같다.

KCSI 우수기업 사례

 공공서비스 부문 사례(출처 : 조선일보 2019.10.31.)

우정사업본부가 '2019년 한국산업의 고객만족도^{KCSI, Korean Customer} ^{Satisfaction Index}' 조사에서 공공서비스 부문과 택배 부문 모두 1위를 기록했다. 1위를 기록한 부문은 공공서비스와 택배로, 공공서비스 부문은 21년 연속 1위, 택배 부문은 역대 8회를 기록한 것이다.

올해 우정사업본부는 총 115개 산업 중 공공서비스 부문에서 79.6점을 기록했다. 평가는 우편을 비롯한 고속도로 관리, 교육, 등기, 수도, 세무, 전력, 철도, 치안 행정 등 총 10개 공공서비스를 대상으로 진행됐다.

우정사업본부는 99년 첫 조사 이래 계속해서 1위 자리 유지해오고 있다. 택배 부문에서도 1위 자리(8

회)를 지켰으며 고객만족도 점수는 78.1점인 것으로 나타났다. 우정사업본부는 1884년 우정총국 설치 이후 끊임없는 변화와 혁신을 통해 성장하여 왔으며, 전국 우체국 네트워크를 통해 주요 도시는 물론 도서산간에도 보편서비스를 제공하여 국민의 경제생활 안정에 기여하고 있다.

또한, 우정사업본부 관계자는 고객만족 경영을 위한 고객 중심 서비스 제공과 고객과의 소통을 강화하고 있다고 밝혔다. 각계각층으로 구성된 고객대표자회의를 통해 고객 중심의 편리한 우체국 이용환경 조성을 위해 노력하고 있으며, 신속·정확한 정보 전달을 위한 '우체국 뉴스룸', 동영상, 카드 뉴스 등을 통해 고객과의 소통 활성화에도 주력하고 있다.(중략)

😊 김치냉장고 부문 사례(출처 : 매일경제, 2019.10.15.)

삼성전자는 2019년 KCSI조사에서 김치냉장고 부문 9년 연속 1위 자리를 지켰다. 최근 삼성전자는 비스포크 디자인을 적용한 김치냉장고 '김치플러스 비스포크'를 선보였다. 김치플러스 비스포크는 비스포크 냉장고와 마찬가지로 도어 패널을 원하는 소재와 컬러로 자유롭게 바꿀 수 있는 김치냉장고다.

김치플러스 비스포크는 1도어부터 3도어, 4도어 등 용량과 크기에 따라 다양하게 출시돼 소비자가 원하는 타입을 골라 선택할 수 있다. 1도어와 3도어는 키친핏으로 주방가구 크기에 맞춰 빌트인처럼 설치할 수 있는 것이 장점이다. 4도어는 '프리스탠딩' 타입으로 대용량이라 가족 수가 많아 넉넉한 보관 공간을 필요로 하는 소비자에게 적합하다.

특히 김치플러스 비스포크 4도어는 디자인뿐만 아니라 성능 측면에서도 기존 김치플러스보다 진화했다. 소비자가 설정한 온도에서 상하 0.3도 이상의 편차가 나지 않도록 유지해주는 '초정온 맞춤보관' 기능을 김치모드뿐만 아니라 냉장·냉동모드, 육류·생선, 감자·바나나 등 다양한 모드에 확대 적용했다. 맨 위 칸에는 중간벽이 없는 '와이드 상칸'을 두어 다양한 식재료를 박스째 보관할 수 있다. 문 안쪽에는 2ℓ 크기 생수통도 통째로 넣을 수 있는 '빅도어 가드'를 적용했다.

😊 일반승용차·RV승용차 부문 사례 (출처 : 한국경제, 2019.10.14.)

현대자동차는 일반승용차와 RV승용차 산업에서 모두 1위를 거머쥐었다. 현대차는 일반승용차산업에서 89.9점을 받아 26년 연속 1위 기록을 세웠다. 제조업 분야를 통틀어 최다 1위 기록이다. 기아자동차(86.8점), 르노삼성자동차(85.2점), 한국지엠(82.5점)이 뒤를 이었다. 현대차는 전반적 만족도와 재구입 의향 모두 경쟁사 대비 높은 점수를 받았다.

엑설런트 서비스

요소만족도에서는 낮은 소음, 주행 안정성, 엔진·미션 성능, 연비, 잔고장 여부, 디자인, 정비, 제조회사 신뢰도에서 호평받았다. RV승용차산업에서는 90.6점으로 16년 연속 1위를 수성했다. 기아차는 88.6점으로 2위를 차지했고 쌍용자동차(87.1점)는 3위에 머물렀다.

현대차는 이 부문 세부 요소인 낮은 소음, 승차감, 주행 안정성, 차량 마무리, 공간 활용성, 구입 조건, 디자인, 수리비용 적절성, 품질 대비 가격, 제조회사 신뢰도 등에서 폭넓게 좋은 평가를 받았다. 현대차 국내사업본부는 올해 '가장 사랑받는 브랜드'를 최대 화두이자 지향점으로 삼았다. 소비자 최우선이라는 원칙 아래 고객 삶의 동반자가 되겠다는 현대차 국내사업본부의 의지를 담았다.(중략)

• 서비스 기업에의 시사점 •

전술한 서비스 품질평가 지수 이외에도 한국산업의 서비스품질지수 KSQI_{Korean Service Quality Index}, 판매서비스 만족도 KSSI_{Korea Sales Service Satisfaction Index} 등이 발표되고 있다.

우리 서비스 기업들은 당사의 서비스 품질 수준을 이와 같은 전문기관에 의뢰하여 평가하거나 또는 스스로 평가하고 미흡한 부분들은 우수사례들을 벤치마킹하여 보완해 나가는 것이 중요하다. 즉 서비스 기업들이 제공하는 서비스가 SIPOC, 즉 $S_{Supplier}$ → I_{Input} → $P_{Process}$ → O_{Output} → $C_{Customer}$ 각 단계별로 내·외부 고객이 요구하는 수준의 품질을 갖추고 있는지에 대한 평가가 이루어지면, 현재 수준과 당사의 과거 최고 수준 또는 벤치마킹 대상 기업 수준과 비교하고 그 격차를 줄여나가기 위한 단기 및 중장기 목표를 수립하여 추진해 나가는 것이 바람직하다.

이때, SIPOC 각 단계별 또는 각 부서별로 매월 목표 대비 실적을 점검하고 목표 미달 시 이를 다음 달에 이월하고, 예를 들면 $4M_{Man, Machine, Material, Method}$ 등의 제약조건 하에서 $PDCA_{Plan \to Do \to Check \to Act}$ 사이클을 돌리면서 개선해 나간다면 서비스 기업이 보다 효

[그림9-7] 서비스 품질 평가와 서비스 품질 수준의 관련도

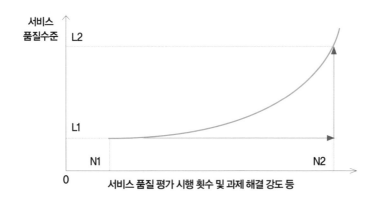

엑설런트 서비스

과적이고 효율적으로 목표를 달성할 수 있다. 서비스 기업이 서비스 품질 수준을 주기적으로 평가하고 미흡한 부분을 체계적으로 해결해 나간다면 서비스 품질 수준이 [그림 9-7]과 같이 점진적으로 높아질 것이다.

EXCELLENT SERVICE

제 10 장

서비스
실패에 대한 회복

UPS United Parcel Service는 운송 프로세스를 혁신하여 높은 성과를 이룬 수익성 좋은 물류 운송기업이다. 이 기업은 물류의 패키지 크기를 제한함으로써 패키지를 분류하는 거점이나 전달 지점에서 사람이 쉽게 취급할 수 있도록 제한적 서비스에 초점을 맞추었다.

이러한 운영전략은 작업 단위당 최대 생산성을 보장하기 위한 프로세스를 설계할 수 있었다. UPS의 지속적인 노력은 당시 경쟁자에 비해 적은 비용으로 적시 배달이 가능해 최고의 서비스를 고객에게 제공할 수 있게 되었다. 하지만 고객과의 약속을 지키지 못했을 경우 구체적인 방안이 없었다. 패더럴 익스프레스 Federal Express의 등장은 UPS가 그동안 만나지 못한 새로운 경쟁자와 부딪힘을 의미했다. 패더럴 익스프레스의 핵심은 운전자와 패키지 작업 처리자가 스캔할 수 있는 바코드 라벨을 사용하여 30분마다 진행 상황을 확인할 수 있는 시스템 정보를 제공하는 것이다.

이 서비스를 통해 소비자는 그들의 패키지가 어디쯤 배송되고 있는지 주기적으로 추적할 수 있었다. 이는 신뢰할 수 있는 정보에 기반을 둔 서비스 회복 프로세스를 확보한 셈이다. UPS는 가장 낮은 가격으로 패키지를 전달할 수 있는 시스템이 설계되어 정시 도착률이 높았지만, 패더럴 익스프레스의 서비스 회복 수준에는 도달할 수 없었다. 최근 들어 많은 비용을 투자해 서비스 회복 시스템을 갖춘 UPS는 이 산업에서 확고한 경쟁자가 되었다.

출처 제임스 헤스켓 외, The Service Profit Chain, 삼성경제연구소, p.276–278.

서비스 회복은
• 기업의 경쟁력을 확보하게 한다 •

미국의 유나이티드항공은 2017년 4월 9일 항공권 구매 후 올바른 절차에 의해 탑승한 동양인 승객에게 오버부킹Overbooking을 이유로 항공기에서 내려달라고 요구했다. 승객이 이에 응하지 않자 강제로 끌어내렸고, 이 모습이 담긴 영상은 SNS를 통해 급속히 확산되었다. 이 사건 초기 유나이티드항공의 무노즈 CEO는 SNS에 승객의 태도를 문제 삼고 강제로 끌어내린 행위에 대해 칭찬하는 글을 게시했다. 이후 거센 비난이 쏟아지자 SNS에 사과문을 올리고, 방송에 나와 직접 사과하기에 이르렀다. 하지만 승객의 태도가 공격적이었다는 말이 거짓임이 드러나면서 고객들의 반발은 더욱 커졌고 공항에서는 유나이티드항공의 불매운동이 시작되었다. 또한 피해자는 전문 변호인단을 구성하여 소송을 시작하였다. 사건 발생 직후 유나이티드항공 모회사인 유나이티드 콘티넨털 홀딩스의 주가가 폭락해 며칠 사이에 수천억 원이 날아갔다. 평소 고객의 신뢰를 얻어야 한다고 강조해온 무노즈 CEO와 유나이티드항공은 서비스 실패를 처리하는 그들의 태도로 인해 가장 중요한 고객의 신뢰를 잃게 되었다.

2006년 국내 롯데월드에서는 롤러코스터를 타던 이용자가 추락하는 사망사고가 발생했다. 이 놀이기구는 2004년에도 안전 문제로 구청으로부터 영업정지 처분을 받았던 것으로 알려졌다. 롯데월드 측은 사건이 언론에 공개되는 것을 기피하고, 문제를 해결하기 위하여 놀이기구 무료 개방이라는 이벤트를 열었다. 하지만 사건에 대한 해결 노력이나 개선이 없는 미봉책의 무료 개방은 또 다른 안전사고를 발생하게 하였다. 이 결과 롯데월드는 불신과 사회적 비난을 피할 수 없게 되어 기업 이미지에 큰 손실을 가져왔다.

정보매체의 발달은 고객들의 불만을 확대, 재생산을 가능하게 해준다. 서비스 실패 발생 시 고객의 불만에 대해 즉각적 해소 노력과 로열티를 제고하기 위한 서비스 회복 전략을 세우지 않는다면 유나이티드 항공사와 롯데월드의 사례처럼 경쟁력을 잃게 되는 것은 당연한 일이 될 것이다.

• 고객이 불평하도록 하라 •

고객만족을 위해서 최선의 서비스를 제공할지라도 서비스 실패는 발생하기 마련이다. 서비스는 제품과 달리 표준화가 어렵다. 그 이유는 생산과 소비가 동시에 이루어지며, 생산 및 전달 과정에서 여러 가지 가변적 요소를 가지고 있는 서비스의 특성 때문이다. 이러한 특성으로 인해 서비스의 결과물뿐만 아니라 전달되는 과정까지도 서비스에 포함하게 된다. 따라서 서비스를 제공하는 직원의 태도, 능력 등에 따라 서비스 전달 과정의 품질은 달라진다. 가령, 직원이 동일한 서비스를 제공했어도 이 서비스를 제공받는 고객들은 개인적 취향, 정서 등에 따라 다른 만족 정도를 나타내게 된다.

이러한 이유로 서비스 실패의 발생은 피할 수 없는 기업의 과제가 되었다. '지속가능시대의 서비스경영(2014)'에서 제시한 불만족한 고객에 관한 통계자료에 의하면 제품이나 서비스에 대해서 불만스러운 고객 중 단 4%만이 불평하며, 불평하지 않는 96%의 고객 중에서 25%는 심각한 문제를 가지고 있다고 하였다. 불만스러운 고객은 그들의 문제를 10명에서 20명에게 이야기를 하지만 문제가 해결된 고객은 약 5명에게 그들의 경험에 대해 이야기한다고 설명하였다.

영국항공British Airways은 탑승고객 중 약 70%가 서비스 접촉시 회사나 직원에게 만족하지 못한다는 사실을 발견하였다. 그리고 이들 가운데 69%는 누구에게도 불만을 제기하지 않으며, 23%의 고객은 불만을 느낀 시점에 가까운 직원에게 불만을 표출하고, 단 8%의 고객만이 고객관리 부서에 불만을 제기한 것을 확인하였

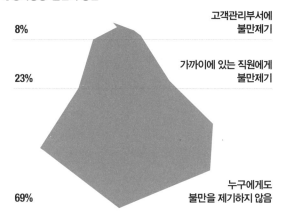

[그림10-1] 영국항공 '불만자 빙산'

8%   고객관리부서에 불만제기

23%   가까이에 있는 직원에게 불만제기

69%   누구에게도 불만을 제기하지 않음

출처   Norman Klein and W. Earl Sasser, Jr.(1994), "British Airways : Using Information Systems to Better Service the Customer", Case No. 395-065, p.13.

다. 23%의 고객은 항공사 직원에게 불만을 표출했으나, 그들의 자료는 어디에서도 얻을 수 없다는 것을 알게 된 영국항공은 불만자의 빙산을 Harvard Business School(1994)에 [그림10-1]과 같이 제시하였다.

영국항공은 서비스 실패가 발생한 지점에서 문제를 해결할 수 있도록 일선 직원의 교육, 고객 관계 담당자와 직접 연결 가능한 Careline 전화 설치, 고객 중심 데이터 파일을 정리하고 유지할 수 있는 CARESS 개발, 고객불만 해결을 위한 서비스 담당자의 재량권 확장 등의 노력을 지속하였다. 영국항공의 관리자는 고객의 불만을 접수할 수만 있다면 매출에서 20만 파운드 내지 40만 파운드를 회복할 수 있다는 결론에 도달하였다. 기업은 고객이 불만을 늘어놓지 않으면 서비스가 잘 전달되고 있으며 더 나아가 고객은 만족한다는 가정을 하게 된다. 이러한 착각에서 벗어나기 위하여 고객이 불만을 표출할 기회를 많이 만들어 개선하는 기업일수록 고객 유지와 충성도로 이어질 수 있다는 것을 잊지 말아야 한다. 신세계백화점은 국내 백화점 최초로 '고객 제안제도'를 신설하였다. 제안에 참여한 고객은 포인트를 받을 수 있으며, 경영 개선에 기여했을 경우에는 포상금을 지급하는 제도도 시행하고 있다. 고객의 소리를 듣기 위해 스마트폰, 트위터, 페이스북, 인터넷TV 등 다양한 고객 제안 접점을 늘리기도 하였다. 고객이 불만을 느낄 만한 부분을 직원이 미리 제보하도록 하는 '컴플레인 사전 예보제'도 운영한다. 이처럼 대부분의 불만족한 고객들은 불평하는 시간과 에너지를 낭비하지 않으려고 말없이 떠난다는 것을 알고 서비스 기업은 서비스 현장에서 고객과 지속적으로 대화해야 한다. 이러한 노력으로 문제가 발생하고 있는 지점을 찾아낼 수 있는 능력을 키우는 것이 중요하다.

[그림10-2] **신세계백화점의 고객제안 제도**

엑설런트 서비스

• 서비스 실패에도 전화위복이 가능한가? •

서비스에서 가장 이상적인 것은 실패 없는 서비스 제공이다. 여기서 더 나아가 고객이 상상하지 못한 감동적인 서비스를 받아 행복감을 느꼈다면 더할 나위 없는 서비스일 것이다. 하지만 서비스의 여러 특성상 서비스 실패는 불가피한 일이다.

이러한 서비스 실패가 일어났을 때 과연 전화위복이 가능한 것인가? 결론부터 이야기하자면 전화위복은 가능하다. 이는 아무런 문제가 없었던 고객보다 서비스 실패를 경험한 뒤 신속하고 만족스러운 서비스 회복이 이루어졌을 때 충성도가 높아지고 재구매로 이어진다는 '서비스 회복 패러독스Service Recovery Paradox'로 설명할 수 있다. 존슨앤존슨Johnson & Johnson의 타이레놀 독극물 사건은 위기 발생 시 기업이 어떻게 대처해야 하는지 잘 보여주는 사례이다. 이 사건은 1982년 타이레놀을 복용 후 8명이 사망한 사고였다. 존슨앤존슨은 첫 사망자가 발생한 이후 몇 시간 되지 않아 워싱턴 공장에서 제조된 타이레놀을 즉각 수거하여 검사했으나 제조과정의 문제는 아니라는 것을 확인하였다. 타이레놀 전량을 회수 조치한 존슨앤존슨은 소비자와의 소통에 주력하였다. 소비자의 의문이나 불평을 들을 수 있는 팀을 개설하여 전화응대를 진행하였으며 우편으로 발송되는 고객의 불평은 모두 답장을 보냈다. 타이레놀에 시안화칼륨이 유통단계에서 투입된 것을 불안해하는 고객을 위해 독극물을 원천봉쇄할 수 있는 개선된 3중 포장을 개발하여 신뢰 회복에 주력하였다. 고객에게 정확한 정보제공을 위하여 시시각각 변하는 정보를 경제 잡지 인터뷰, TV 대담 프로그램 등을 통해 제공하고 약사, 간호사, 의사 등에게 검사 결과 자료를 제공하는 적극성도 보였다. 이 사건 발생 1년 후 존슨앤존슨은 시장 점유율을 회복하고 포춘Fortune지에 가장 칭송받는 기업으로 뽑히는 영광을 얻었다. 지금도 존슨앤존슨은 이 사건을 통해 소비자의 안전을 최우선으로 하는 기업이라는 이미지를 유지하고 있다. 이는 위기 발생 시 기업의 초기 대응에 대한 중요성을 보여주는 사례라 할 수 있다.

서비스 실패 시
• 고객은 서비스 회복에 대한 기대를 한다 •

2000년 Miller 등의 학자가 제시한 '서비스 회복 프레임웍'에 따르면, 서비스 실패가 발생하는 시점에서 직원이 서비스 회복 수행을 시작하기 전 과정을 '사전 회복 단계'로 명명하였다.

고객은 서비스 실패가 일어나면 '사전 회복 단계'에서 서비스 회복에 대한 기대를 하게 된다. 이 기대는 서비스 회복 단계 및 서비스 회복 이후 단계까지 영향을 주어 만족도, 충성도, 고객 유지 등의 반응으로 나타난다. 이때 서비스 실패의 심각성 정도를 높게 인지할수록 서비스 회복에 대한 높은 기대를 하게 되어 서비스 회복 만족도에 영향을 주게 된다. 또한 서비스 실패가 사전에 충분히 통제 가능했는지 여부와 일시적 혹은 반복적인 실패인지에 따라 서비스의 보상 추구 수준도 달라지게 된다.

신속한 서비스 회복을 위해
• 서비스 회복 절차는 미리 계획되어야 한다 •

호텔 및 항공업계에서는 예약 후 나타나지 않는 노쇼No-Show 고객에 대한 수익 관리를 위해 초과예약Overbooking을 하는 경우가 있다. 그 결과 예약을 했음에도 불구하고 호텔에 머물지 못하거나, 비행기에 탑승하지 못하는 고객들이 종종 발생한다. 이처럼 예측할 수 있는 서비스 실패에 대해서는 가까운 다른 호텔에 머물 수 있도록 조치를 취한다든지, 다른 시간대의 항공 이용 및 좌석 업그레이드, 보상금 지급 등에 대한 회복 절차가 미리 마련되어 신속한 서비스 회복이 이루어질 수 있도록 하고 있다.

많은 서비스 기업에서는 실패 없는 서비스 수행을 위하여 서비스 제공자가 이행해야 할 서비스 매뉴얼을 개발하고 직원을 교육시키고 있다. 서비스 실패에 대한 다양한 사례를 발굴하여 주로 반복되는 서비스 실패를 처리하는 절차도 매뉴얼화하고, 이를 고객 접점에서 활용하게 하는 것도 중요하다.

서비스 회복 만족은
• 세 가지 공정성의 영역에서 기인한다 •

1998년에 발표된 공정성 이론Theory of Justice에 따르면 서비스 실패 후 회복에 관한 만족은 세 가지 공정성에 의해 달라진다.

첫 번째 공정성은 절차적 공정성Procedural Justice이다. 절차적 공정성은 발생한 문제를 해결하거나 고객불만을 관리하는 것은 조직 차원에서 관리되고 수행해야 할 체계적이면서도 적절한 절차라는 것이다. 이는 신속성, 유연성, 접근성, 적절한 방법, 도움, 효율성 등에 대해 고객이 인식한 공정성 정도를 나타낸다.

두 번째 공정성은 상호작용 공정성Interactional Justice이다. 상호작용 공정성은 서비스를 제공하는 직원과 고객 간의 상호 관계의 질을 의미한다. 여기에는 직원의 매너, 사과, 설명, 문제 해결을 위한 노력, 진실성 등이 포함된다. 고객이 제기한 문제에 대해 의사결정의 절차와 결과가 공정하였더라도 불공정한 대우를 받았다고 인지하면 서비스 회복 만족에 부정적 영향을 준다. 이런 이유로 서비스 회복을 위해서 상호작용 공정성은 가장 적절한 수단이 되기도 한다. 세 번째 공정성은 결과적 공정성Outcome Justice이다. 결과적 공정성은 고객이 받게 되는 보상과 관련이 있다. 충분한 보상을 받았다고 생각하는 고객은 그렇지 않은 고객보다 높은 만족도를 나타낸다. 이 세 가지 공정성은 [그림10-3]과 같이 상호작용하여 서비스 회복에 대한 고객만족에 영향을 주므로 기업은 서비스 실패에 대해 겸허히 받아들이고 서비스 회복을 위해 최선의 노력을 다해야 함을 의미한다.

[그림10-3] **서비스 회복 과정에서 지각된 공정성의 세 가지 차원**

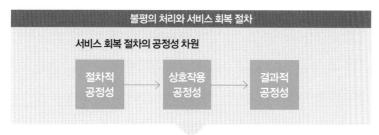

출처 Tax, S. S. and S. S. Brown(1998),
"Recovering and Learning from Service Failure", Sloan Management Review, 49(1), pp.75~88

서비스 회복만족을 위해
• 고객의 심리 단계를 이해하라 •

첫 번째 단계는 경청의 단계이다. 고객이 불평하고 있을 때 고객을 설득하려 노력한다면 고객의 불만은 오히려 분노로 발전할 수도 있을 것이다. 고객이 불평할 때 충분히 불만을 토로하도록 기다리고 그 이야기를 경청하는 것이 중요하다. 고객이 불만을 이야기할 때 직원이 고객불만을 메모하는 것만으로도 고객이 나의 불만을 잘 경청해주고 있다고 느끼게 하는 방법이 될 수 있다.

두 번째 단계는 공감의 단계이다. 불만을 털어놓는 고객의 심리는 내가 이야기하는 불만을 기업은 들어주지 않을 것 같고, 나보다 큰 기업에 위축되기도 한다. 따라서 불만을 가진 고객은 더 큰 목소리로 불만을 털어놓게 된다. 이러한 고객의 불만을 첫 번째 단계에서 잘 들어주고, 두 번째 단계에서 공감해 준다면 고객은 굳이 더 큰 분노로, 더 큰 목소리로 이야기할 필요가 없어지는 것이다. 불만고객을 응대하는 직원은 이 고객의 격한 감정을 개인적인 일로 받아들일 필요 없이, 고객의 이야기를 충분히 알고 느끼고 있음을 표현하는 자세가 필요하다.

세 번째 단계는 서비스 실패에 대한 사과와 빠른 서비스 회복이

엑설런트 서비스

다. 서비스 실패에 대한 인정과 더불어 불편했을 고객에 대한 진심 어린 사과는 고객의 마음을 안정화 시킨다. 서비스 실패에 대한 해결은 신속하게 해야 한다. 이때 얼마나 신속하게 고객불만에 대해 응대하고 해결하였느냐가 고객 만족의 핵심이라고 할 수 있다.

네 번째 단계는 보상의 단계이다. 서비스 실패를 원상태로 복귀시키는 것뿐만 아니라 기업이 고객에게 미안한 마음을 전하는 특별한 보상_{특별 할인이나 기념품 등}의 상징적인 단계가 필요하다.

다섯 번째 단계는 고객 만족을 확인하는 단계이다. 이는 고객이 만족했는지에 관해 확인하는 단계를 넘어 추가로 필요한 사항에 대해 알아보는 단계로 활용할 수 있다. 서비스 회복이 이루어진 이후 며칠이 지나 전화나 메일 등으로 서비스 회복에 대한 만족여부를 확인하고, 고객이 알려준 불만 사항에 대해 추후 발생하지 않을 수 있도록 최선의 노력을 다하고 있다는 것을 보여준다면, 그 기업은 서비스 실패를 기회 삼아 고객 충성도를 얻을 수 있을 것이다.

4

제4부

엑설런트
서비스의 조건Ⅲ
서비스의 행동경제학적 접근

EXCELLENT SERVICE

제11장

서비스
고객경험관리

고객경험관리CEM, Customer Experience Management는 제품이나 서비스에 대한 고객의 경험을 체계적으로 관리하는 프로세스를 의미한다. 즉 기업이 고객의 제품 탐색에서 구매, 사용 단계까지 모든 과정에 대한 분석 및 개선을 통해 긍정적인 브랜드 경험을 창출하는 것이다.

어떤 이들은 "고객경험이란 고객만족의 다른 표현이지 않습니까?"라고 질문 할 수도 있을 것이다. 이 두 개념의 가장 중요한 차이는 만족은 결과 지향적Outcome-Oriented이고, 경험은 과정 지향적Process-Oriented라는 것이다.

'만족'과 '경험' 두 가지 중에 어떤 것이 더 고객에게 가치를 더해줄까? 답은 '경험'이다. 왜냐하면 '만족'할 때까지의 상세한 과정이 바로 '경험'이기 때문이다. 고객의 경험을 관리하는 과정을 통하면 만족은 그 결과물로 얻을 수 있다.

출처 유한주 외, 서비스경영4.0, 문우사, pp.12-13.

· 왜 고객경험인가? ·

호텔 레스토랑을 이용하는 고객들은 단순히 맛있는 음식을 먹기 위해서가 아니다. 호텔 레스토랑에는 깔끔하게 차려입은 직원들의 정중한 응대, 쾌적한 환경, 물 흐르듯 자연스럽게 연결되는 세련된 서비스가 있다. 이러한 요인들은 소비자들로 하여금 자기가 중요한 사람이 된 것 같은 느낌을 주며, 이에 소비자는 기꺼이 높은 가격을 지불한다. 이 경우, 고객은 단순히 음식을 산 것이 아니고, 품위 있는 곳에서 맛있는 식사를 하며 즐거운 시간을 보내는 경험을 산 것이라고 볼 수 있다. 최근 몇 년 동안 국내에서도 많은 기업들이 고객경험을 이야기하며, 제품과 서비스 차원이 아닌 경험을 판매하고자 하는 노력을 기울이고 있다. 그렇다면 고객은 이러한 기업들의 노력을 체감하고 있을까? 이와 관련된 조사가 미국에서는 이미 오래전에 이루어졌는데 그 결과가 흥미롭다. 2005년에 글로벌 컨설팅 기업 Bain & Company가 전 세계 362개 기업들을 대상으로 설문조사를 했는데, 조사대상 기업의 80%가 그들의 고객에게 '우수한 경험Superior Experience'을 하게 했다고 믿는 것으로 나타났다. 그러나 설문에 참여한 기업의 고객들은 8%만이 '우수한 경험Superior Experience'을 했다고 대답했다. 이러한 조사결과는 과연 기업들이 '고객경험'을 제대로 이해하고 있는지 의문을 갖게 하며, '고객경험관리'가 필요함을 보여준다.

• 고객경험이란 무엇인가? •

고객경험에 대한 기존연구자들의 정의는 다양하다. Otto and Ritchie(1996)는 고객경험을 '고객이 서비스를 받는 접점에서 관계자들로부터 받는 주관적인 느낌과 마음의 상태'라고 정의했다. Lewis and Chambers(2000)는 고객경험을 '상품과 서비스를 구매한 고객이 구매과정에서 받게 되는 모든 상황에 따른 총체적인 결과'라고 정의했다. Shaw, C. and Ivens, J.(2005)는 고객경험을 '기업과 고객 사이의 상호작용'이라고 정의하고, 기업은 고객과 접점에서 물질적 성능, 감각의 자극, 감정의 유발, 고객의 기대를 예측하는 등의 방법으로 고객에게 경험을 선사한다고 주장하였다. Ghose, A.(2009)는 고객경험을 '자신이 사용하는 브랜드와의 모든 상호작용에 대한 사용자의 해석'이라고 정의하였다. Meyer and Schwager(2007)는 고객경험을 '고객이 회사와 직접적 또는 간접적 접촉을 할 때 유발되는 내부적이고 주관적인 고객의 반응'이라고 정의했다. 전길구(2016)는 '고객이 기업이나 기관으로부터 상품을 구입하거나 서비스를 받을 때, 그 접점에서 생긴 느낌에 대한 기억'이라고 정의했다.

이와 같이 많은 연구자들이 고객경험에 대한 다양한 정의를 내렸는데 과연 고객경험은 어디에 존재하고 있을까? 실제 경험은 일정한 시간에 일정한 공간에서 이루어지게 되지만 그것은 순간에 지나지 않고, 그 경험은 소비자의 기억에 남아 생각으로 존재한다는 사실에 주목할 필요가 있다. 즉, 기억에 남지 않는 경험은 경험으로서의 가치가 거의 없다. 바꾸어 말하면 기업이 추구해야 하는 고객경험은 소비자의 머릿속에 오랫동안 살아남을 수 있는 특별하고 감동적인 것이어야 한다.

• 고객경험관리 우수사례 •

😊 즐거운 경험을 판다 : 카페 스타벅스

집이나 학교보다 더 자유롭고 행복하게 사람들과 만나서 이야기 할 수 있고, 오는 사람에게 훌륭한 경험을 주는 커피숍, 바로 하워드 슐츠가 생각한 스타벅스의 모습이다.

스타벅스 커피, 티 앤 스파이스의 직원으로 근무하던 하워드 슐츠가 1983년 봄 이탈리아 밀라노Milano에서 열리는 국제 가정용품 전시회MACEF에 참석하게 되었을 때만 해도, 커피의 역사가 새롭게 시작되리라고는 아무도 생각하지 못했다. 당시 그는 길가에 있는 수많은 에스프레소 바에 이탈리아인들이 스팀밀크Steam milk와 에스프레소 등이 어우러진 커피를 마시며, 편안하게 휴식을 취하는 모습을 보았다. 출장을 마치고 미국에 돌아온 하워드 슐츠는 당시 스타벅스 커피, 티 앤 스파이스 설립자였던 제럴드 제리 볼드윈과 고든 보커에게 매장 내에서 에스프레소 바를 운영할 것을 제안했으나 거절당했다. 하워드 슐츠는 1985년에 자신이 구상한 커피 프

[그림11-1] 카페 스타벅스 로고

STARBUCKS®

랜차이즈 아이디어를 실현하기 위해 스타벅스 커피, 티 앤 스파이스를 떠났고, 시애틀에 별도의 커피 프랜차이즈인 '일 지오날레 커피 컴퍼니'를 설립했다. 그리고 얼마 후 시카고에 첫 번째 '일 지오날레' 매장을 오픈했다. 일 지오날레는 오픈 하자마자 아라비카 커피의 풍부한 맛과 매장 분위기로 금세 사람들의 인기를 끌었고, 개장 6개월 만에 하루 1천 명 이상의 고객을 끌어들이며 큰 성공을 거두었다. 스타벅스가 출현하기 전까지 미국에서 커피를 마실 수 있는 방법은 두 가지였다. 레스토랑에서 커피를 주문하거나 패스트 푸드점을 이용하는 것이다. 이 두 가지는 모두 커피를 한 두 종류 만들어 놓고 리필해 주는 방식이었다.

또 패스트 푸드점은 쉽게 접근할 수 있지만 서비스나 품질이 떨어지고, 레스토랑은 서비스와 품질은 좋지만 가격이 비싸며 식사 시간 외에는 접근하기 어렵다는 한계가 있었다. 스타벅스는 제3의 커피숍을 만들어냈다. 그것도 기존 두 유형의 방식에서 장점만 취해 결합한 것이다. 고객의 입맛에 맞추어 다양한 고급 커피를 바리스타가 그 자리에서 제조해 주면서도, 고객이 아무 때나 와서 자유롭게 대화할 수 있는 공간을 제공한 것이다.

스타벅스는 고객의 소리에 귀 기울여 제품과 서비스를 업그레이드 한 많은 사례를 가지고 있다. 맛있는 커피를 매장에서만 마시는 것이 아니라 밖에서도 마시고 싶다는 고객의 의견을 반영하여 테이크아웃 서비스를 시작했으나, 들고 다니면 커피가 쏟아질까 걱정한다는 것을 알고 플라스틱 뚜껑을 개발했다. 그러자 이번에는 종이컵에 손잡이가 없어서 너무 뜨겁다는 불만이 나왔다. 이에 스타벅스는 골판지를 컵에 둘러씌우는 아이디어를 생각해냈다. 한국에는 1999년 7월에 스타벅스 1호점인 서울 이화여대점이 오픈되었으니, 올해로 21년이 되었다. 스타벅스가 한국에 상륙한 이후, 모든 커피숍 형태는 스타벅스 형식으로 바뀌고 경쟁업체들이 출현하였으나 스타벅스는 부동의 1위를 지키고 있다. 2016년에 커피업계 처음으로 매출 '1조 클럽'에 이름을 올렸고, 2018년에는 매출액 1조 5224억원, 영업이익 1428억원을 달성했다. 매장수도 1262개에 달하니 시장 지배력이 압도적이다. 스타벅스는 고객경험을 중시하여 성공한 대표적인 기업이라고 할 수 있다.

😊 고객의 꿈을 경험으로 실현한다 : 할리데이비슨

고객경험을 논할 때 빠뜨릴 수 없는 회사가 있다. 바로 미국의 바이크 전문회사 할리데이비슨이다. 이 회사는 자기들이 하는 일을 다음과 같이 표현한다.

[그림11-2] 할리데이비슨

"We fulfill dreams inspired by the many roads of the world by providing remarkable motorcycles and extraordinary customer experiences. We fuel the passion for freedom in our customers to express their own individuality.(우리는 고객들이 세계의 많은 도로 위에서 영감을 받은 꿈을 이루도록, 이목을 끄는 멋진 바이크와 함께 특별한 고객경험을 제공합니다. 또한 우리 고객들이 각자의 개성을 표현할 수 있도록, 자유를 위한 열정을 채워 드립니다.)"

주말에 차를 몰고 경치 좋은 국도를 지나가다 보면, 멋진 오토바이들이 두 줄로 행렬을 만들어 달리는 모습을 본적이 있을 것이다. 이들은 리더의 수신호에 따라 차선을 변경하며 적당한 속도를 유지한다. 최대한 교통흐름을 방해하지 않고, 자신들의 안전과 함께 다른 운전자의 안전을 지키려는 태도를 보면, 참 멋지다는 생각이 든다. 이들이 누구인지 아는가? 바로 호그H.O.G : Harley Owner's Group 라고 불리는 할리데이비슨 소비자 동호회 회원들이다. 할리데이비슨이 공식 후원하는 호그는 1983년 1월 1일 창단되어, 그해 3만여 명의 회원을 모았다. 호그가 탄생한 이후 다채로운 문화가 피어났다. 각 챕터지역별 모임와 랠리를 표현하는 다양한 핀과 패치가 쏟아져 나왔고, 새로운 볼거리와 즐길 거리도 생겼다. 대표적으로 '호그 테일'H.O.G. ™ TALES, 1983년 2-3월 호 창간이라는 잡지가 창간되었다. 그리고 미국 플로리다주 마이애미와 올랜도, 하와이 호놀룰루 그리고 독일 프랑크푸르트에서 라이딩을 즐길 수 있는 '호그 플라이 앤 라이드'HOG™ FLY&RIDE 프로그램이 첫선을 보였다. 전 세계 호그 회원수는 2012년에 100만명을 넘어섰다. 한국에서는 1999년에 회원들이 첫 랠리를 시작하였는데, 2018년 10월 전라북도 태권도원에서 열린 '제20회 코리아 내셔널 호그 랠리'에 참가한 회원만도 1500명에 달한다. 당신이 할리데이비슨 바이크를 구입 한다면, 자동으로 호그의 회원이 된다. 그러면 먼저 들어온 회원들은 당신을 열렬히 환영할 것이고, 가치를 공유하는 새로운 친구들과 대화를 나누며 소속감을 느끼게 될 것이다. 할리비슨을 타고 싶은데 바이크를 탈 줄 몰라서 망설이는가? 걱정할 거 없다. 할리데이비슨 코리아는 부트캠프Boot Camp라는 라이딩 교육 프로그램을 운영하고 있다. 할리데이비슨의 부트캠프는 미국 본사와 한국은

엑설런트 서비스

물론, 여러 나라에서 실시하는 할리데이비슨의 공식 교육 프로그램이다. 부트캠프는 사전적 의미로 '신병 훈련소'라는 뜻을 가지고 있으며, 모터사이클 초보 고객들이 체계적인 교육을 받아 안전한 라이딩을 즐길 수 있게 돕는다.

할리데이비슨 고객들은 다른 제품에서 보기 힘든 또 다른 경험을 하게 되는데, 바로 자신만의 개성을 표현하는 경험이다. 할리데이비슨 바이크를 공장에서 나온 상태 그대로 타는 사람은 거의 없다고 한다. 바이크에 붙은 웬만한 액세서리는 취향대로 바꿀 수 있고, 심지어 핸들을 바꿀 수도 있다. 할리데이비슨 매장에 가면 할리데이비슨의 로고가 새겨진 헬멧, 자켓, 장갑, 부츠 등이 전시되어 있고, 심지어 속옷과 양말까지 없는 게 없다. 고객들은 바이크를 탈 때 이런 용품들을 통해서 자신만의 멋을 연출하는 것이다. 할리데이비슨이 이러한 용품 매출을 통하여 얻는 이익도 상당하다고 한다. 경영학에서 고객경험에 주목하기 전에 이렇게 고객경험을 관리하여 성공한 기업이 또 있을까?

😊 존중받는 경험을 주는 레스토랑 : 밀레니엄 힐튼 서울 '카페 395'

지금까지 글로벌 기업의 고객경험관리에 대한 내용을 살펴봤으니, 이제 좀 더 범위를 좁혀서 주변에서 일어나는 일을 살펴보고자 한다. 바로 저자가 16년 동안 애용하고 있는 한 레스토랑에 대한 이야기다.

남산에 있는 밀레니엄 힐튼호텔 메인로비에 '카페 395'라는 레스토랑이 있다. 2004년 저자가 이곳을 처음 찾았을 때는 레스토랑 이름이 '실란트로'라고 불리었는데, 몇 년 전에 리뉴얼을 하고부터는 카페 395라는 명칭을 쓰고 있다. 저자가 이곳을 애용한 지가 16년 되었으니, 그동안의 경험을 말해도 크게 무리가 없겠다는 생각을 한다.

언뜻 보기에 이 레스토랑은 어느 호텔 레스토랑과 차이가 없어 보인다. 그러나 몇 번 가보면 차이가 보이기 시작한다. 우선 환경을 보면 천정이 높고 공기가 쾌적하다. 어떤 호텔뷔페 레스토랑을 가보면, 특급호텔인데도 천정이 낮고 고객은 많아, 시끄럽고 공기가 탁한 곳이 있다. 그럴 때는 좋은 분위기는 고사하고 잔치집 뷔페에 온 것 같은 느낌이 든다. 카페 395에서는 그럴 일이 없다. 오히려 '고객수를 조절하고 있지 않나' 라는 생각이 들 정도로 조용한 편이다. 또 한 가지 특이한 점은, 이곳은 다른 호텔뷔페에 비해서 음식의 가지 수가 많지 않다. 대신 어느 음식을 선택해도 맛이 좋다. 이 호텔의 총주방장이 심혈을 기울여 고객들에게 내놓을 음식을 선정하기 때문이다. 호텔뷔페를 자주 이용해본 사람이라면, 음식의 가지 수가 많을수록 좋은 선택을 하기가 오히려 어렵다는 것을 알 것이다. 고객이 선택을 쉽게 할 수 있고, 그 선택

엑설런트 서비스

의 결과에 만족하게 하는 것, 이것이 이 레스토랑의 바람인 듯하다. 중요한 것은 '얼마나 많은 음식을 진열하는가?'가 아니라, '고객이 얼마나 만족스러운 식사를 하는가?'하는 것이다. 이런 면에서 본다면 카페 395는 고객의 경험을 반영한 좋은 선택을 한 것이다. 서비스 환경과 음식의 품질에 대해서 살펴봤으니, 직원의 서비스 품질에 대해서도 봐야 한다. 사실 이 레스토랑에 대한 이야기를 시작한 이유는 바로 직원들의 우수한 서비스를 설명하기 위해서다. 이곳에 가면 2~3명의 지배인과 5~7명의 서비스직원, 그리고 4~5명의 요리사가 눈에 띈다.

고객과 직접 대면하는 요리사들은 자기가 담당하는 음식이 가장 맛있는 순간에 고객의 접시에 담길 수 있도록 타이밍을 맞춘다. 이들로부터 받은 음식은 이미 만들어서 담아놓은 음식들과는 확연히 다른 맛을 낸다. 그들의 손놀림과 표정만 봐도 이 음식이 맛있겠구나 하는 생각이 든다. 다음은 홀에서 서비스하는 직원들에 관한 이야기다. 이들은 단정한 옷차림을 하고 정중하면서도 신속한 서비스를 한다. 다른 특급호텔 직원들도 이 정도는 할 수 있을 것이다. 그런데 다른 점이 있다. 이들은 한번 본 고객을 잘 기억한다. 몇 달 만에 이곳을 찾아가도 저자의 얼굴을 기억하고 반갑게 와서 인사하는 직원이 꼭 2명 이상 있다. 어떤 직원은 내가 무슨 일을 하는지도 기억한다. 그리고 이렇게 인사한 직원들은 저자가 식사를 마치고 나갈 때까지 의식하지 못하게 주변을 맴돌며 필요한 서비스를 적시에 제공한다. 저자는 이들이 어떤 교육을 받고 어떻게 고객을 기억하는지 알지 못한다. 그러나 중요한 것은 이들이 고객의 기억에 남을 만한 경험을 제공한다는 것이다.

  마지막으로 지배인 이야기를 하고자 한다. 이들은 서비스직의 고수라고 해도 손색이 없는 사람들이다. 1년 후에 봐도, 2년 후에 봐도, 심지어 어떤 경우에는 5년이 지나서 봐도 저자에 대한 많은 기억을 해내고 대화를 이어간다. 사실 16년을 단골로 찾는 이유는 이들 때문이다. 초창기부터 보았던 이병철 지배인과 김상욱 지배인은 호텔 내 다른 레스토랑에 근무하다가도, 저자의 예약내용을 확인하고는 잠시 와서 인사를 건네고 간다. 이들이 나타나면

[그림11-3] 밀레니엄 힐튼 서울 '카페395'

엑설런트 서비스

어김없이 자몽주스가 서비스로 나오고 같이 테이블에 있던 사람은 저자를 보는 눈이 달라진다. 심지어 이들이 근무하지 않는 날에도 저자가 그곳에 온 것을 알고_{예약 상황을 미리 체크 했겠지만}, 다른 직원을 시켜, 본인이 근무하는 날과 같은 서비스를 제공한다. 이들의 이러한 열정적인 노력에 감동하여, 저자는 여러 사람에게 카페 395를 소개했고, 그들은 모두 이곳의 충성고객이 되었다. 카페 395 이야기를 하다 보니 칭찬만 한 것 같다. 서울의 많은 호텔을 다녀봤지만 이만큼 존중받는 경험을 선사한 곳은 없었다. 저자의 근무지는 최근 13년간 강남이었고, 강남에도 훌륭한 호텔들이 많다. 그런데도 한 번의 식사를 위하여 남산까지 가는 이유는 바로 '카페 395'를 지키는 지배인과 직원들 때문이다. 이곳에 가면 항상 저자가 중요한 사람이 된 듯한 기분을 느낀다. 존중받는 경험을 선사하는 레스토랑, 밀레니엄 힐튼 서울의 '카페 395'는 지금도 활기차게 돌아가고 있다.

EXCELLENT SERVICE

제 12 장

서비스
스케이프

고객만족을 위한 첫 번째 조건은 서비스 스케이프

의사 본인이 직접 병의원을 이용하거나 가족의 보호자로 병의원을 이용해 본 경험은 누구나 있을 것이다. 병의원을 이용하면서 만족을 경험하는 경우도 있었겠지만 대부분의 경우 병의원의 절차, 내부시설 및 행정과정 등이 이용하는 고객의 입장에서라기보다는 직원이나 의료진의 편의를 위하는 방향으로 운영되고 있는 경우를 많이 느끼게 된다. 직원의 사무적인 태도나 대기실이나 진료 받는 환경 조성 등에서 많은 부분이 고객의 불편은 도외시한 채 병의원 구성원의 입장에서만 편하고 효율적으로 관리되는 경우를 많이 보게 된다. 모든 서비스업과 마찬가지로 의료는 시설, 장비 그리고 공간의 도움을 받아서 서비스를 제공하는 사람과 서비스를 이용하는 고객 상호간의 작용에 의해서 성과를 만들어가는 것이다.

서비스가 이루어지는 환경을 전문용어로 '서비스 스케이프Service-scape'라고 하는데, 잘 조성되고 관리되는 서비스 스케이프는 고객만족을 위해 첫 번째로 필요한 조건이 될 수 있다. 원내의 모든 시설물을 고객의 입장에서 배치하고 관리하는 노력은 고객 만족을 위한 첫걸음이다. 결국 시설의 관리는 구성원에 의해서 이루어지는 것이므로 구성원들이 얼마나 고객 지향적인 마인드를 가지고 실천을 위한 의지와 적절한 긴장을 유지하는지가 매우 중요하다. 고객이 오감시각, 청각, 후각, 미각, 촉각을 통해서 느끼는 환경이 고객에게 불쾌감을 주는 경우가 없는지를 찬찬히 살피고, 고객이 병의원에 신뢰를 가질 수 없게 만드는 모든 것들은 철저히 체크하고 개선해 나가는 노력을 기울여야 한다. 또한, 효율적이고 꼼꼼한 관리를 위해서는 원장을 포함하여 모든 구성원이 일정한 시간 간격을 가지고 자신이 맡은 시설물을 체크하도록 매뉴얼을 만들 것을 권하고 싶다. 고객은 서비스 스케이프를 통해서 첫인상을 만들게 되고 나아가 병의원의 진료 내용이나 진료 수준에 대한 단서를 인식하게 된다.

진정한 고객중심이란 고객이 원하는 부분에 대해서 항상 먼저 생각하고 고객이 원하지 않거나 불쾌감이나 불신을 줄 수 있는 여지가 있는 것을 적극적으로 없애가는 문화를 만드는 것이라고 생각한다.

출처 이동성 원장(의학박사, 경영학박사)의 세미나비즈, http://www.seminarbiz.kr에서 발췌

· 서비스 스케이프란 무엇인가? ·

서비스 스케이프는 서비스가 제공되고 회사와 고객이 상호 작용하는 환경을 말한다. 즉, 서비스가 일어나는 장소에서 고객이 직접적으로 인지할 수 있는 물리적인 요소로 이러한 물리적 환경을 서비스 스케이프Servicescape라고 하는데, 서비스Service라는 단어에 자연적인 풍경이나 경치 등의 자연환경을 말할 때 붙이는 접미사인 스케이프Scape를 합성한 용어이다. 서비스 제공자는 기업의 운영 용이성과 효율성을 촉진하고, 소비자에게 즐거움과 흥분상태를 호소할 수 있는 환경을 개발하는 두 가지 주요 목표 사이에서 균형을 이루는 환경을 구축해야 한다. 이러한 서비스 스케이프의 개념은 서비스 프로세스가 이루어지는 물리적 환경의 영향을 강조하기 위해

[그림12-1]
서비스 스케이프를 고려한 병원의 내부시설

Bitner에 의해 개발되었으며, 서비스 스케이프를 "서비스가 조립되고 판매자와 고객이 상호 작용하는 환경"으로 정의하고, 서비스의 성능이나 커뮤니케이션을 용이하게 하는 유형 상품과 결합했다.

• 서비스 스케이프에 포함된 내용은? •

비트너Bitner는 서비스 스케이프를 "구축된 환경" 또는 더 구체적으로 "자연적 또는 사회적 환경과 반대로 인공적이고 물리적 환경"이라고 말한다. 서비스 스케이프의 세 가지 중요한 측면은 다음과 같다.

공간의 레이아웃 및 기능성

● 서비스 환경은 일반적으로 고객의 특정 목적이나 요구를 충족시키기 위해 존재하기 때문에 물리적 환경의 공간적 배치와 기능성이 특히 중요하다. 공간 배치는 기계, 장비, 가구 등이 배열되는 방식, 그 항목의 크기와 형태, 그리고 그 사이의 공간적 관계를 말한다. 기능성은 고객 및 직원 목표 달성을 용이하게 하는 동일

[그림12-2] **공간의 레이아웃 및 기능성 사례(서비스 전달의 가시적, 기능적 공간창출)**

한 항목의 능력을 말한다.

환경의 공간적 배치와 기능성은 고객이 스스로 서비스를 수행해야 하며 이를 지원하기 위해 직원에게 의존할 수 없는 셀프 서비스 환경에서 특히 중요하다. 따라서 현금 자동 인출기와 셀프 서비스 식당 및 인터넷 쇼핑 등에서의 기능성은 성공과 고객 만족에 매우 중요하다.

표시, 상징 및 구조물

● 물리적 환경의 많은 항목은 해당 장소에 대해 사용자에게 전달하는 명시적 또는 암묵적 신호로 작용한다. 구조물의 외관과 내부에 표시된 표지는 명시적 전달자의 예다. 그것들은 방향성을 나타내는 목적출입구 등을 위해 라벨회사명, 부서명 등로 사용할 수 있으며, 행동 규칙흡연 금지, 아이들은 성인과 동반해야 한다 등을 전달하기 위해 사용될 수도 있다. 적절한 표시는 인지된 혼잡과 스트레스를 감소시키는 것으로 나타났다.

다른 환경적인 상징과 구조물들은 표시보다는 직접적인 의사소통이 덜 될 수 있으며, 장소의 의미와 규범 그리고 그 장소에서의 행동에 대한 기대치에 암묵적 단서를 사용자에게 제공한다. 즉 물리적인 공간에 전시된 개인적인 물건들, 벽에 전시된 건축물품, 예술품 등의 고품질의 재료들은 모두 상징적인 의미를 전달하고

[그림12-3] 표시, 상징 및 구조물 사례

전체적인 미적 인상을 줄 수 있다. 환경적인 상징과 공예품에 부여되는 의미는 문화적인 의미가 내재되어 있다. 예를 들어 미국에서는 흰 식탁보와 가라앉은 조명이 전체 서비스와 상대적으로 고급스럽고 고가의 상징성을 전달하는 반면, 플라스틱 가구, 밝은 조명은 그 반대임을 상징할 수 있다. 표시, 상징 및 구조물 등은 첫인상을 형성하고 새로운 서비스 개념을 전달하는데 특히 중요하다. 고객들이 특정 서비스 시설에 익숙하지 않을 때, 그들은 그들이 장소를 분류하고 그들의 품질 기대치를 형성하는 것을 돕기 위한 환경적인 단서들을 찾을 것이다.

주변 조건

● 주변 조건에는 온도, 조명, 소음, 음악, 향기 및 색상과 같은 환경의 배경 특성이 포함된다. 이러한 요소들은 사람들이 생각하는 방식에 큰 영향을 미칠 수 있고 특정 서비스 설정에 반응하게끔 한다. 예를 들어, 많은 연구들이 음악에 대한 영향이나 제품에

대한 소비자의 인식, 그들이 얼마나 오랫동안 서비스를 기다려왔는지에 대한 그들의 인식, 그리고 그들이 소비하는 돈의 양을 연구하였다.

쇼핑객들은 음악이 없을 때보다 음악이 있을 때는 쇼핑과 줄을 서서 보내는 시간이 적다고 생각하는 경향이 있다. 더 느린 음악이 있을 때 사람들은 좀 더 여유롭게 쇼핑을 하는 경향이 있고, 어떤 경우에는 더 많은 돈을 소비하기도 한다.

다른 연구들도 비슷하게 향기의 효과가 소비자 반응에 미치는 영향을 보여주었다. 예를 들어, 빵집이나 커피숍 등에서 나는 향기는 사람들을 끌어들이는 데 사용될 수 있고, 좋은 향기는 쇼핑 시간을 증가시킬 수 있다는 것을 알 수 있다. 또한 향기의 존재가 소비하는 시간의 인식을 감소시키고 상점 평가를 향상 시킨다는 것을 알 수 있다. 제품 유형에 맞는 향기는 고객들이 제품 결정에 더 많은 시간을 할애하도록 만든다. 일반적으로 주변 조건은 오

[그림12-4] 주변조건 사례(오감 자극 조건)

엑설런트 서비스

[그림12-5] 서비스 스케이프의 프레임워크

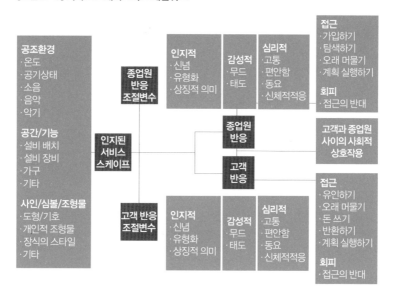

감에 영향을 미친다. 때때로 그러한 차원은 전혀 감지할 수 없지
만 가스, 화학 물질, 기포 등 특히 환경에서 오랜 시간을 보내는 직원에게 중
대한 영향을 미칠 수 있다.

주변 조건의 영향은 극단적일 때 특히 두드러진다. 예를 들어 에
어컨이 고장나고 공기가 뜨겁고 답답한 홀에서 교향곡 연주회에
참석하는 사람들은 불편할 것이고, 그들의 불편함은 콘서트에 대
한 그들의 느낌에 반영될 것이다. 온도와 공기의 질이 편안한 허
용 범위 내에 있다면 이러한 주변 요인들은 아마도 눈에 띄지 않
게 될 것이다. 또한, 고객이나 종업원이 서비스 환경에서 상당한

시간을 보낼 때 주변 조건이 더 큰 영향을 미친다. 온도, 음악, 냄새, 그리고 색깔의 영향은 시간이 지남에 따라 증가한다.

• 서비스 스케이프의 역할 •

서비스 스케이프는 많은 역할을 할 수 있다. 다음의 다양한 역할들이 어떻게 상호작용하는지에 대한 검토는 서비스 스케이프를 최적화하는 것이 얼마나 전략적으로 중요한지를 분명히 알 수 있다.

촉진자 Facilitator

● 서비스 스케이프는 환경 내 사람들의 성과를 돕는 촉진자 역할을 할 수 있다. 서비스의 설정이 어떻게 설계되었는가에 따라 서비스 설정에서 활동의 효율적인 흐름을 강화하거나 억제할 수 있으며, 고객 및 직원이 목표를 더 쉽게 또는 더 어렵게 할 수 있다. 잘 설계되고 기능적인 시설을 갖추면 고객 입장에서 체험할 수 있는 즐거움, 직원의 입장에서 수행하는 즐거움 등이 될 수 있다. 반면에, 형편없고 비효율적인 디자인은 고객과 직원 모두를 좌절시킬 수 있다.

사회화_{Socializer}

● 서비스 경로의 설계는 기대되는 역할, 행동 및 관계를 전달하는데 도움이 된다는 점에서 직원과 고객 모두의 사회화에 도움이 된다. 예를 들어, 전문 서비스 회사의 신입 사원은 사무실 할당, 사무실 가구의 품질 및 조직의 다른 직원과 관련된 위치를 기록함으로써 계층에서의 자신의 위치를 부분적으로 이해하게 될 것이다. 시설의 설계는 고객에게 직원과 관련된 역할, 서비스 영역 및 직원 전용 환경에서 행동해야 하는 방식 및 상호 작용 유형을 제안하는 역할을 할 수 있다. 일부 스타벅스 매장의 경우, 고객들이 커피를 마시러 오는 것보다 사교적인 시간을 보내는 전통적인 커피 하우스 환경으로 이행하는 것을 실험하고 있다.

이러한 유형의 사회화를 장려하기 위해 이러한 스타벅스 매장들은 상호작용을 장려하고 더 오래 머물도록 하기 위해 편안한 라운지 의자와 테이블을 설치한다.

패키지_{Package}

● 유형 제품의 패키지와 유사하게 서비스 스케이프 및 기타 물리적 증거 요소들은 본질적으로 서비스를 '포장'하고 소비자에게 '내부'에 대한 이미지를 전달한다. 제품 패키지는 특정 이미지를 묘사할 뿐만 아니라 특정 감각적 또는 감정적 반응을 환기하도록

[그림12-6] 인터컨티넨털 호텔의 커피숍 내부

설계되었다. 반면에 서비스의 물리적 설정은 많은 복잡한 자극의 상호작용을 통해 유사한 기능을 수행한다.

　서비스 스케이프는 대상조직의 외형으로 초기 인상을 형성하거나 고객 기대치를 설정하는 데 중요할 수 있다. 이는 무형 서비스에 대한 시각적 비유다. 이 포장 역할은 특히 새로운 고객과 특정 이미지를 구축하려는 신규 서비스 조직에 대한 기대를 조성하는 데 중요하다. 물리적 환경은 조직에게 개인이 '성공을 위해 옷을 입는' 방식과 다르지 않은 방식으로 이미지를 전달할 기회를 제공한다. 포장 역할은 유니폼이나 드레스와 외관의 다른 요소들을 통해 접촉 인력의 외관에까지 확대된다. 아쉽게도, 제품 마케팅에서 패키지 설계에 주어진 동일한 관리 및 자원은 서비스 패키지가 다양한 중요한 역할을 수행함에도 불구하고 서비스에 제공되지 않는 경우가 많다. 물론 예외적인 경우도 있기는 하다. 스타벅스, FedEx, 인터컨티넨털 호텔과 같은 글로벌 서비스 기업들은 고객에게 강력한 시각적 은유와 브랜드 포지셔닝을 전달하는 '서비스 포장'을 제공하면서 그들의 브랜드에 서비스 스케이프 디자인을 관련시키는데 많은 시간과 돈을 소비하고 있다.

차별화 Differentiator

● 물리적 시설의 설계는 기업을 경쟁사와 차별화하고 시장에 강한 인상을 줄 수 있다. 서비스 스케이프는 차별화 요소로서의 힘을 활용하여 기업의 위치를 다시 조정하거나 새로운 시장을 유치

[그림12-7] 에버랜드 입구

하는 데 활용될 수 있다. 쇼핑몰에서 실내 장식과 전시품에 사용되는 간판, 색상, 그리고 매장으로부터 흘러나오는 음악의 종류는 시장에 대한 의도된 메시지를 의미한다.

에버랜드는 서비스 스케이프를 통해 소비자와 가족을 위한 놀이동산으로서의 차별성을 분명하게 전달한다.

에버랜드에 들어가서 볼 수 있는 것은 [그림12-7]과 같은 장식이다. 마치 외국에 와 있는 것 같은 느낌을 갖게 하고 청결하고 안전한 가족용 놀이동산으로서 이미지를 갖게 하는 것이다.

• 서비스 스케이프 효과에 대한 분석 방법 •

직접 관찰

● 직접 관찰하는 방법을 사용하여 훈련된 관찰자가 환경 조건과 차원에 대한 상세한 설명을 하고, 주어진 서비스 환경에서 같은 고객 및 직원의 반응과 행동을 관찰하고 기록한다. 직접 관찰의 장점은 고도로 훈련되고 숙련된 관찰자가 수행함으로써 얻게되는 습득한 정보의 깊이와 정확성이라 할 수 있다. 그 결과는 서비스 스케이프를 재설계하거나 다른 시설을 비교할 때 매우 유용할 수 있다.

환경 조사

● 환경 조사는 사람들_{고객 또는 직원}에게 미리 결정된 질문에 설문지 형식으로 답함으로써 다양한 환경 구성에 대한 요구와 선호도를 표현하도록 하는 것이다. 이것은 다른 환경 차원의 중요성을 측정하고 서비스 시설에 대한 사용자의 기대를 유도하기 위해 고안된 조사 방식이다. 일반적으로 이러한 방법은 주변 환경, 미학, 프라이버시, 효율성·편의성, 사회적 조건 등 5가지 범주로 구성된 32가지 환경 변수에 대해 설문조사를 실시하는 것이다.

이 방식의 장점은 표준화된 설문을 통해 데이터를 수집하고 그 결과를 컴퓨터에 쉽게 해석할 수 있고 다양한 조건별로 비교하기가 용이하다는 점이다. 반면에 이 방식의 주된 단점은 표본추출 오차와 비표본추출 오차로 인하여 조사대상자들이 어떻게 느끼는지 또는 어떻게 행동할지를 정확히 파악하기 어려운 경우가 있다는 점이다.

사진

● 사진은 기본적으로 각 고객 조치 단계에서 서비스의 시각화를 제공한다. 고객의 관점에서 비디오로 찍힌 슬라이드, 사진 또는 전체 서비스 프로세스가 시각적 일 수 있다. 서비스 청사진과 사진을 결합하면 관리자 및 기타 서비스 직원은 고객의 관점에서

서비스 스케이프의 영향을 판단할 수 있다. 이 방식은 주어진 서비스 상황에서 현재 존재하는 물리적 증거의 명확하고 논리적인 문서화를 제공하는 데 매우 유용하다. 반면에 가장 큰 단점은 그 자체로 어떤 질문에 대한 해결책을 제시하지 않고 오히려 많은 의문점을 제공할 수 있다는 것이다. 따라서 고객 및 직원의 선호도와 요구에 대한 단서를 제공하지는 않지만 고객과 직원의 의견을 수렴하는 촉매제로 사용될 수 있다.

실험

● 실험 방법은 그들의 진정한 반응과 선호도를 아는 것이 중요할 때 환경 변화나 대안에 대한 고객과 직원의 반응을 평가하는 가장 좋은 방법 중 하나이다. 실험은 고객 그룹을 다른 환경 구성에 노출시키고 그들의 반응을 측정하는 것을 말한다. 실험의 장점은 결과의 유효성에 있다. 즉, 신중하게 실험을 하면 결과를 믿고 의지할 수 있다는 것이다. 환경적 차원은 무의식적으로 사람들에게 영향을 주고 다수의 차원이 상호작용을 하여 복합적인 인상을 형성하기 때문에, 실제 경험이 없는 상황에서는 환경에 대한 질문에 대한 정확한 응답을 얻기 어렵다는 관점에서 이 방식은 유용하다고 할 수 있다. 반면에, 직접 관찰 방법과 마찬가지로 비용과 시간이 많이 소요될 수 있다는 점이 한계점이다.

서비스 스케이프에
• 더 많은 노력을 기울여야 •

서비스 스케이프를 설계하는 것은 상당한 시간과 노력이 들지만, 서비스기업의 정체성을 창출하고 고객 경험의 본질을 형성하는 데 매우 중요한 역할을 한다. 뿐만 아니라 서비스 생산성을 향상시키는 역할까지 할 수 있으므로 서비스 기업이 서비스 스케이프에 더 많은 관심과 노력을 기울여야 할 것이다.

제 13 장

끝맺음을
강하게 하라

야구경기가 2:0 승리로 끝났을 때 1회 말에 홈런 한방으로 2점을 얻어 이긴 경기와 9회 말에 끝내기 홈런 한방으로 2점을 얻어 승리했을 때의 짜릿한 흥분과 멋진 경험은 크게 다르다.

기업은 계량적이며 명시적 성과만 잘 관리하면 훌륭한 고객경험을 제공할 수 있을 것이라고 생각한다. 그러나 유사한 고객 접점과 계량적인 서비스 성과가 동일하더라도 고객에게는 9회 말 끝내기 홈런과 같은 서비스가 고객을 더 흥분시키고 짜릿하게 만든다. 사람들은 모든 순간을 기억하지 못하지만 몇 가지 중요한 순간만큼은 생생하게 기억한다. 사람들의 기억은 마지막 부분에 특히 강하다. 따라서 초기에 제공하는 서비스의 강도는 약하게 하고, 마지막으로 향할수록 점점 그 강도를 높이면 더 기억에 남는 경험이 될 수 있다. 즉, 끝맺음이 시작보다 더 중요하다.

출처 유한주 외 4인 공저, 서비스경영 4.0, 문우사, p.173.

• 왜 끝맺음이 중요한가? •

서비스를 제공하는 기업 모두는 충성 고객을 확보하기 위하여 사력을 다한다. 그런데 크게 오해하고 있는 한 가지 사실이 있다. 많은 기업들은 그들이 제공하는 고객 경험이 고객의 로열티를 높인다고 믿고 있지만 사실 충성 고객의 재구매를 이끄는 것은 그들이 기억하는 경험이다. 그러면 도대체 기업이 제공한 경험과 기억하는 경험은 어떤 차이가 있는 것일까?

예를 들어 보자. 우리는 지난 일요일에 겪은 일 전부를 기억할 수 없다. 만약 기억한다면 자신에게 상당한 영향을 미친 중요한 사건 정도일 것이다. 동일한 원리가 고객 경험에 대한 기억에도 적용된다. 강한 감정을 불러일으키지 못하였다면 기억에 남기 어렵다. 그런데 과거의 경험은 거의 전적으로 최고조와 마지막의 감정의 강도에 의하여 기억되는데 이를 심리학에서는 '피크-앤드 효과Peak-End Effect'라고 한다.

2002년 노벨경제학상을 받은 대니얼 카너만Daniel Kahneman 교수는 동료들과 함께 몇 가지 의미 있는 실험 결과를 발표했다. 1993년에는 찬물에 손 넣기 실험을 통해 실험 참가자들에게 7분 간격을 두고 두 번에 걸쳐 찬물에 손을 담그게 하였다. 첫 번째 시도에서는 섭씨 14도의 물에 60초간 손을 담그게 하였고 두 번째 시도에서는 섭씨 14도의 물에 60초간 손을 담그게 한 후 온도를 1도 더 올린 물에 추가로 30초간 손을 담그게 하였다. 그런 다음 참가자들에게 어떤 시도를 반복할 것인지 선택할 기회를 주었는데 80%가 두 번째 시도를 선택하는 결과가 나왔다. 1996년 결장 내시경 실험에서는 154명의 실험 참가자가 느끼는 고통의 정도를 1분마다 기록하게 하고 분석한 결과 참가자가 전반적으로 느끼는 통증의 크기는 고통이 가장 컸을 때와 마지막 3분 동안 느낀 고통의 평균치에 좌우되는 것으로 나타났다. 또한 전형적인 방법으로 내시경 검사를 마친 실험 참가자보다 마지막에 추가로 3분간 내시경을 제거하지 않고 고통을 완화시킨 후 검사를 마친 참가자들이 불쾌감을 덜 느꼈고 내시경 검사에 긍정적인 반응을 보였다.

대니얼 카너만은 사람들이 두 종류의 자아, 즉 현재를 실제 경험하는 '경험자아Experiencing Self'와 경험자아가 겪은 경험을 기억하는 '기억자아Remembering Self'를 지니고 있다고 설명한다. 그런데 기억자아의 평가는 경험자아의 평가와 매우 달라서, 경험한 것을 나중에 해석하면서 그 경험의 지속시간은 무시하고 최고조와 마지막과 같은 핵심적인 모멘트에 집중한다. 앞선 실험 사례에서 드러났듯이 다소 실험시간이 연장되어 불편하더라도 마지막에 고통이 덜한 경험을 더 긍정적인 경험으로 기억하는 것이다. 궁극적으로는 기억 자아가 자신의 경험으로부터 무엇을 배울지를 좌우하기 때문에 미래의 의사결정에 영향을 미치게 되는 것은 경험자아가 아니고 기억 자아이다. 따라서 마지막에 고객의 기억에 어떠한 인상을 남기느냐에 따라 재구매나 구전에 큰 성과를 거둘 수 있는 것이다.

마지막에 경험이 어떻게 마무리되었느냐에 따라 그것이 어떻게 기억될지에 압도적인 영향을 미치기 때문에 강하고 긍정적인 끝맺음이 중요하다. 끝이 좋으면 그 이전의 좋지 않았던 경험들은 덮어지고 좋은 기억들로 남는 것이므로 "끝이 좋으면 다 좋다"는 독일 속담은 경영 현실에서도 옳다.

• 서비스경험 디자인에서 끝맺음 착안사항 •

일상생활에서 긍정적인 마무리가 전반적으로 부정적이었던 경험을 상쇄하고도 남는 사례는 얼마든지 찾아볼 수 있다. 신생아의 출생이 전형적인 예이며, 연주 수준이 형편없어 실망하던 콘서트 마지막에 자신의 애창곡이 연주되면서 괜찮았던 기억으로 남는 경우도 있다. 레스토랑 식사가 형편없었지만 마지막에 멋진 디저트 하나 때문에 보다 우호적인 기억으로 남기도 하고 시즌 내내 마음 졸이고 스트레스 받던 응원구단이 그해의 챔피언 시리즈에서 우승을 차지하면 빅게임 하나 이긴 짜릿한 경험으로 그 구단에 아주 긍정적인 기억을 갖게 된다.

이러한 일상생활에서의 경험을 바탕으로 서비스 디자인에 있어서도 의도적으로 마지막 단계에 긍정적인 기억을 남기려는 노력을 한다. 경험의 최고조는 주관적이며 대개는 거의 통제할 수 없기 때문에 피크-앤드 효과의 나머지 한 요소인 마지막 단계에 초점을 맞추는 것이다. 그러나 서비스 디자인에서 몇 가지 감안할 사항이 있다.

우선, 어디까지가 경험의 끝맺음인지를 살펴야 한다. 거의 모든 인간 행동은 전후 관계을 보아야 제대로 이해할 수 있기 때문에 서비스 디자이너들은 고객 경험에 관하여 보다 넓은 관점을 지니는 것이 바람직하다. 서비스 제공자로서는 고객 경험이 고객과 자신과의 상호작용이 끝남에 따라 종결된다고 볼 수 있지만 사실은 그 이후까지 연결시켜 보아야 할 필요가 있다.

호텔 체크아웃을 예로 들어 보자. 호텔 입장에서 보면 체크아웃이 서비스의 맨 마지막 단계이다. 그러나 조금 더 넓은 관점에서 고객경험을 규명하면 고객여정Customer's Journey에 있어 연결된 다음 단계가 있을 수 있다. 고객은 다음 단계에서 공항까지 실어다 줄 택시가 필요할 것이다.

이런 경우라면 호텔은 보다 넓은 관점에서 고객이 믿을만한 택시 서비스를 받을 수 있도록 도와주는 것까지를 끝맺음으로 보아야 한다. 호텔 체크아웃 사례는 매우 단순한 예이지만 서비스 디자인에서 끝맺음을 어디까지로 보느냐에 따라서 강한 마무리를 할 수 있는 기회를 발견할 수 있다.

다음으로, 피크-앤드 효과에 따르면 끝맺음이 반드시 최고조이어야 할 필요는 없다. 서비스 디자이너들은 경험의 마지막 단계에 즐거움을 극대화하려고 노력하겠지만 너무 집착하는 것은 바람직하지 않다. 가장 좋은 것을 일부러 마지막까지 남겨 둘 필요는 없으며 최소한 끝맺음이 긍정적인 경험으로 마무리되도록 하면 되는 것이다.

잊지 말아야 할 중요한 사실은 고객이 행복한 상태로 떠나게 해야 한다는 점이다. 고객이 긍정적인 경험으로 마무리하게 하려는 시도는 최근 온라인 쇼핑에서 두드러진다. e소매상들에게 있어 고객 여정의 마지막인 체크아웃 단계는 거의 손볼 수 없는 골칫거리라고 간주되었다.

고객들은 이 단계에서 대금 지불 정보, 운송 정보, 개인 정보 등의 입력을 요구받는데 새로운 방문자에게 이것은 점점 더 복잡하고 짜증나는 일이 되고 있다.

e소매상들은 가장 마지막 경험이 단지 신용카드 정보를 채워 넣는 것보다는 더 유쾌하게 마무리되는 방법을 부단히 모색하고 있다. 비록 고객 여정의 마지막에 긍정적인 최고조를 만들려는 노력이 성공하기는 쉽지 않겠지만 차선책은 즐겁지 않은 체크아웃 경험을 가급적 빨리 그리고 고통 없이 종료하게 만드는 것이다.

아마존의 '한 번 클릭으로 지금 구매하기_{Buy now with 1-Click}' 버튼은 좋은 예이다. 또한 모든 작업을 마쳤을 때 사용자가 사이트에 더 머물도록 하려는 의도에서 할인 광고 팝업창을 띄우거나 또 다른

[그림13-1] 아마존의 '한 번 클릭으로 지금 구매하기' 버튼

출처 http://www.theunconsciousconsumer.com/behavioural-economics/peak-endrule

브라우저 탭을 여는 것도 피해야 한다. 이러한 인터페이스 요소들은 사용자들을 짜증나게 해서 나중에 그 사이트에 대한 부정적인 인상을 남게 한다.

소득세 계산 사이트인 Turbo Tax에서는 지긋지긋하게 복잡한 소득세 파일 자료를 모두 올리면 그 과정이 끝났음을 축하하고 사용자에게 안도감을 만끽할 수 있는 스크린을 띄워주는데 이러한 인간적이고 유머러스한 디자인은 사용자 경험의 여정을 긍정적인 분위기로 끝나게 해 주는 데 효과가 있을 것이다.

마지막으로, 유명한 야구선수 요기 베라Yogi Berra의 말처럼 "끝나기 전까지는 끝난 게 아니다It ain't over till it's over"는 사실을 잊지 말아야 한다. 서비스 디자인에서는 고객 경험의 여정이 끝나는 데까지를

[그림13-2] 소득세 계산 사이트 Turbo Tax

A confirmation email celebrating your success is on its way.

We truly appreciated the opportunity to help you with your taxes.

출처 https://www.nngroup.com/articles/peak-end-rule/

디자인의 대상으로 삼겠지만, 서비스 제공의 어느 단계에서 서비스 실패를 경험하여 불만족이 생긴 경우 서비스 제공이 끝맺음 된 상태에서라도 기업의 서비스 회복 노력에 따라 극적으로 긍정적인 마무리로 반전되는 경우가 있다.

실수를 하였더라도 즉시 그것을 바로 잡으면 고객들은 쉽게 용서하는 경향이 있다. 처음에는 서비스에 실망하였지만 좋은 서비스 회복을 받은 고객이 종국적으로 훨씬 더 높은 만족도를 보여 더욱 충성 고객으로 남는 서비스 회복의 역설을 이루도록 마지막까지 노력하여야 한다.

• 끝맺음 서비스 우수 사례 •

💬 피크-앤드 효과를 아는 회사 : 코스트코의 핫도그 경험 설계

코스트코는 전 세계 회원제 창고형 할인매장으로 2018년 8월 현재 751개 매장에 9,300만 명의 회원을 보유하고 연 매출 1,262억 달러를 달성하고 있다. 코스트코는 쇼핑을 마친 후 푸드 코트를 방문해서 즉석 스낵을 맛보라고 선전한다. 푸드 코트에서 여러 음식을 맛볼 수 있지만 특별히 아주 큼지막한 핫도그를 음료와 함께 즐기면서 단돈 1.5달러, 우리 돈으로 약 1,800원에 먹을 수 있다. 더욱 놀라운 것은 이 가격은 매장이 설립된 지 2년 후인

[그림13-3] 코스트코의 핫도그 경험 설계

출처 https://www.change.org/p/costco-ceo-craig-jelinek-add-vegan-hot-dog-to-the-costco-food-court-menu

1985년도부터 지금까지 물가 상승에도 불구하고 한 번도 변하지 않고 그대로 유지되었다고 한다. 코스트코가 유독 손해를 볼 정도의 싼 가격에 핫도그 판매를 고집하는 이유가 무엇일까. 그 답은 바로 끝맺음을 잘함으로써 충성 고객을 유지하려는 경험 설계 전략이다. 코스트코는 물건을 팔아서 돈을 버는 회사가 아니고 연회비로 돈을 버는 회사이기 때문의 충성 고객의 유지가 매우 중요하다.

영업이익의 70% 정도가 제품 판매가 아닌 연회비부터 발생하기 때문에 물건 하나 더 파는 것보다 회원을 유지하고 새로운 회원을 유치하는 것이 훨씬 유리하다. 매년 회원권을 갱신하는 비율이 90% 정도이므로 이러한 영업 전략은 성공을 거두고 있다고 보여지는데 여기에 푸드 코트의 핫도그가 효자 노릇을 톡톡히 하고 있는 것이다.

모든 쇼핑을 마무리하고 싼 핫도그를 한입 먹으면서 오늘 쇼핑을 참 저렴하게 잘했다는 심리적 만족감을 느끼게 된다. 즉 고객 여정의 맨 마지막 단계에 긍정적인 감정을 갖게 함으로써 재구매를 유도하는 경험 설계 전략이다. 코스트코에서 연간 판매되는 핫도그 수량이 10억 개가 넘을 정도로 인기를 끌고 있는데, 핫도그는 질 좋은 상품을 저렴하게 제공하겠다는 코스트코의 기업 철학을 가장 극명하게 보여주는 시그니처로도 작용하고 있다.

 **대기시간을 관리하라 : 휴스톤공항**

　피크-앤드 효과에서는 대기시간이 길어지더라도 이에 대한 불쾌감을 줄여주면 단순히 대기시간을 단축시키는 것보다 심리적으로 더 좋은 감정을 갖게 할 수 있다는 시사점을 얻을 수 있다. 이러한 점에 착안하여 놀이공원에서는 이미 피크-앤드 효과를 활용한 대기시간 관리를 하고 있다. 놀이기구를 타기까지 필요한 대기시간을 약간 더 부풀려서 표시해 준다든지 대기선을 직선보다는 곡선S자, 미로형 등이 되도록 만들어 대기 라인을 최대한 짧게 보이게 한다. 아울러 대기하는 동안에 다른 놀이시설을 볼 수 있도록 하여 다음에 이용할 놀이시설을 앞서 계획하도록 하는 방법 등을 활용하고 있다.

　이용객의 주의를 전환할 거리를 제공함으로써 대기시간을 성

[그림13-4] **휴스톤공항의 심리적 대기시간 단축**

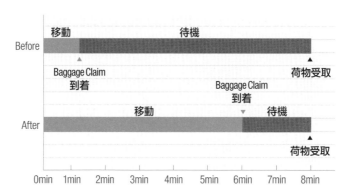

공적으로 관리한 사례가 바로 휴스톤공항이다. 휴스톤공항의 대표적인 고객 불만 사항은 바로 수하물을 찾는 데 시간이 너무 오래 걸린다는 것이었다. 공항 책임자들은 근무 직원을 늘리는 방법 등을 동원하여 대기시간을 8분대로 줄이는 데 성공하였다. 그렇지만 고객 불만은 좀처럼 개선되지 않았다. 이를 해결하기 위하여 고객동선을 보다 면밀하게 분석하여 보았는데 승객이 도착 게이트에서 수하물을 찾는 곳까지 1분이면 걸어서 갈 수 있었고 그곳에서 7분간을 기다려서야 수하물을 찾는다는 사실을 발견하였다. 즉 대기시간의 88%를 수하물 찾는 곳에서 눈이 빠지게 자기 짐을 기다리고 있는 것이었다. 이에 대한 대응책으로 공항 측은 전혀 새로운 방법을 고안하였다. 총 대기시간을 줄이려고 노력하는 대신 수하물을 찾는 곳에서 기다리는 시간을 줄이기로 하였다. 이에 따라 수하물을 찾는 곳까지의 거리를 늘려서 승객에게 공항 안을 오래 걷도록 만들기 위하여 게이트를 터미널에서 멀리 떨어뜨려 놓았다. 이렇게 함으로써 승객들은 수하물을 찾는 곳까지 6분을 걸어가게 되었고 2분 정도만 기다리면 바로 수하물을 찾게 되었다. 신기하게도 이렇게 하자 고객 불만은 사라졌다고 한다. 수하물을 찾는 장소를 6배나 먼 곳으로 옮겨 User Interface는 훨씬 나빠졌지만 심리적 대기시간을 단축하여 User Experience는 개선한 좋은 사례이다.

잔돈은 넣어두세요 : 뱅크오브아메리카

사람들이 물건을 구매하는 맨 마지막 단계에서 돈을 지불하고 거스름돈으로 받는 잔돈 처리에 큰 불편을 느낀다. 이러한 고객 경험의 맨 마지막 단계를 만족스럽게 정리하여 좋은 기억을 남기면서 한편으로는 은행의 저축 계좌 수를 늘리는데 성공한 것이 뱅크오브아메리카의 '잔돈은 넣어두세요' 서비스이다.

미국 2위 은행인 뱅크오브아메리카는 저축 계좌 수를 늘리기 위해 많은 노력을 하였지만 이자나 수수료 혜택만으로는 한계에 봉착하였다. 따라서 서비스 디자인 전문업체와 더불어 다양한 사용자 관찰에 기초하여 색다른 해결책을 모색하였다.

사용자 관찰 결과 사람들이 물건을 사고 난 후 생기는 잔돈을 처리하는 일에 굉장한 불편을 느낀다는 사실을 알아냈다. 특히 마케터들이 소비자의 심리적 부담감을 줄이기 위하여 예를 들면 4달러 대신 3.95달러와 같이 조금 깎아주는 듯 가격을 결정하는 사례가 빈발하기 때문에 잔돈 처리는 거의 모든 구매 경험의 마지막 단계에서 공통적으로 나타나는 불편사항인 셈이다.

뱅크오브아메리카는 고객이 체크카드로 제품을 구매하면 센트 단위의 금액을 절상하여 달러 단위로 결제를 청구하고 과다 청구된 금액은 고객의 저축 계좌에 적립해 주는 새로운 서비스를 선보였다.

[그림13-5] 뱅크오브아메리카의 '잔돈은 넣어두세요' 서비스

실제 광고에 이용된 사례이지만 3달러 43센트짜리 커피를 사면 4달러를 체크카드 계좌에서 지불하고 고객의 저축계좌에 57센트를 넣어주는 방식이다. 이렇게 한 달을 저축하면 17달러가 된다는 것을 한눈에 볼 수 있는 그래픽으로 표현해 홍보하였고 큰 호응을 얻었다.

물론 초기 3개월간 저축계좌에 적립된 금액에 대하여 현금 100%를 추가 적립해 주는 인센티브를 주기도 하였지만 이러한 서비스의 결과 뱅크오브아메리카의 저축예금 계좌 수는 2005년 시행 첫해에만 250만 명의 고객을 끌어들였고 결과적으로 1,200만 명의 신규 고객을 유치했다. 아울러 고객 유지율도 99%에 달하는 놀라운 수준을 보이게 되었다.

뱅크오브아메리카의 사례는 고객 구매 경험의 맨 마지막 단계에서 발생하는 미세한 심리적 불편사항을 포착하여 이를 긍정적

으로 마무리하는 새로운 시도한 것이다.

　이를 통하여 고객의 만족을 높이고 기업의 목표를 달성한 것으로, 비즈니스위크에 의하여 그해의 사회경제적 영향을 미친 최고의 서비스에 선정되었다.

EXCELLENT SERVICE

제 14 장

고객이 직접
선택하게 하라

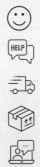

기본적으로 사람은 누군가에게 당하고 싶어 하지 않는다. 물건을 살 때도 누가 권해서 구입하는 것이 아니라 자신의 의사로 구입했다고 생각하고 싶어한다. 그렇다면 고객이 직접 선택하게 만들어 주어야 한다.

밀스R. T. Mills와 크란츠D. S. Krantz의 헌혈 실험1979에서 한 그룹은 어느 쪽 팔에서 피를 뽑을지 스스로 선택하도록 했고, 다른 그룹에게는 선택권을 주지 않았다. 어느 쪽 팔에서 피를 뽑을지에 관해 스스로 통제할 수 있었던 그룹은 헌혈이 덜 고통스러웠다고 보고했다.

출처 유한주 외 4인 공저, 서비스경영 4.0, 문우사, p.29~30.

• 고객은 선택하고 싶어한다 : 인지적 통제감 •

사람들은 자신이 잘 모르는 상황에서 잘 모르는 일을 하게 될 때 불안한 마음을 갖게 된다. 반대로 자신이 잘 아는 일을 하거나 상황에 있을 때 안정감을 느끼고 만족한다.

이러한 심리의 밑바탕에는 통제감이 있다. 사람이 내면, 행동, 자신을 둘러싼 환경에 대해 자신이 통제권을 갖고 있다고 믿는 믿음을 통제감이라 한다.

도토리를 아침에 3개, 저녁에 4개 준다고 하자 마구 화를 내던

원숭이들이 아침에 4개, 저녁에 3개로 바꾸자 흡족해한다. 주인은 간사한 꾀로 원숭이들을 속인 것이고, 원숭이들은 앞뒤를 바꿔 놓은 같은 말에 속아 넘어간 바보들이다. 그러나 통제감이란 관점에서 보면 이야기가 달라질 수 있다. 일방적으로 통보된 급식량에 항의하자 주인은 내용이 같을 지라도 다른 대안을 제시했고 원숭이들은 선택권을 가지게 되었다. 원숭이들은 이 상황에 통제력을 가지고 있다고 믿게 되었고 만족하게 되었다. 활발하게 움직이는 낮 시간을 위해 아침을 더 든든하게 먹어야 한다는 생물학적 관점이나 현재가치 관점에서 먼저 많이 받는 것이 이익이라는 경제학적 관점은 무시하더라도 말이다.

자신이 제공받는 서비스에 대해 본인에게 통제감이 있다고 생각할 때 사람들은 만족하게 된다. 비행기를 탈 때 어차피 누군가는 복도쪽에 앉고 누군가는 창쪽에 앉게 되겠지만, 항공사 창구 직원이 어느 쪽에 앉을 건지 묻는 이유는 선택을 통해 자리에 대한 불만을 감소시키기 위해서이다.

새로 한 헤어스타일이 쉽사리 만족하기 어렵더라도 "어떤 디자이너한테 하시겠어요? 실장님께 하시겠어요? 파마만 하시겠어요? 모발을 보호하는 영양 마사지 추가하시겠어요? 스타일은 어떻게 해드릴까요?" 같이 연속되는 질문 속에는 '당신이 선택했으니 만족해야지'라는 결론으로 향하게 된다.

적당한 선택상황이 중요하다 :
• 단일대안 회피 성향 vs 선택의 역설 •

선택할 수 있다면 고객은 무조건 만족하게 될까? 선택권에 대한 아래 두 가지 실험은 선택상황이 적당해야 한다는 것을 알려준다.

다니엘 모천Daniel Mochon은 단일대안회피 성향에 관한 실험을 진행했다. 단일대안회피 성향이란 사람들이 단 하나의 대안만 주어지는 상황을 아주 싫어해 이런 경우 구매를 포기한다는 것이다.

실험자는 온라인 벼룩시장을 통해 참가자들을 모집하고 이들을 3개의 그룹으로 나누어 각기 다른 선택상황을 준비했다. 첫 번째 그룹은 Sony DVD만 주어진 상태, 두 번째 그룹은 Philips DVD만 주어진 상태에서 구매할 것인지 구매결정을 미룰 것인지 응답했다. 세 번째 그룹은 두 제품이 함께 주어진 상태에서 한 제품을 구매하거나 구매결정을 미룰 것인지 응답했다. 마지막 그룹에게만 실질적인 선택권을 준 것이다. 실험 결과는 예상한 바와 다르지 않았다. 앞의 두 그룹에서는 각각 9%, 10%의 사람들이 구매를 선택한 반면, 마지막 그룹에서는 66%의 사람들이 구매결정을 내렸다. 반면, 배리 슈워츠Barry Schwartz 교수에 따르면, 선택권이 너무 많으면 사람들은 잘못된 선택을 하지 않을까 하는 두려움

[그림14-1] 선택의 역설

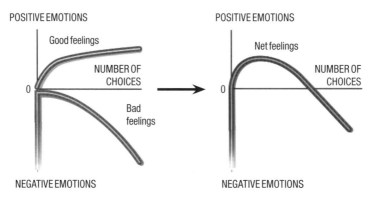

출처 http://noahrickun.com/lets-jam-make-more-sales-by-using-the-paradox-of-choice/

에 빠져 구매를 포기한다고 한다. 그의 저서 '선택의 역설'에서 이에 대한 실험사례를 찾을 수 있다. 실험자는 슈퍼마켓에 잼을 시식할 수 있는 두 개의 부스를 설치했다. 한 부스는 6가지 잼을 맛볼 수 있고, 다른 한 부스는 24가지 잼을 맛 볼 수 있다. 선택권이 더 많은 부스를 사람들이 더 선호 할 것이라는 믿음과 달리 24가지 잼이 준비된 부스에서는 3%의 고객이 잼을 구매했지만, 6가지 잼의 부스에서는 30%의 고객이 잼을 구매했다. 사람들은 선택할 수 없는 상황에서 구매결정을 유보하는 성향을 보인다. 대안이 하나 밖에 없는 상황과 대안이 너무 많은 상황 모두 사람들은 선택할 수 없는 상황으로 인식한다. 기업들은 선택지를 준비할 때 적정한 선을 지킬 필요가 있는 것이다.

• 고객들은 더 많은 선택권을 요구하고 있다 •

소비자들은 완성된 제품이나 서비스들의 다양한 선택권을 가지는 것을 넘어, 제품이나 서비스의 제조 단계에서도 자신들의 선택이 반영되기를 원한다. 예전에도 이런 고객들을 위한 맞춤형 제품 시장이 있었지만, 이렇게 생산된 제품에는 대개 높은 가격이 따라오기 때문에 일반 소비자들의 접근이 어려웠다.

최근에는 평균적인 소비자를 위해 만들어지는 대량생산 제품이나 서비스에도 맞춤형 제품이 등장하고 이다. 개별 고객이 스스로 PC 사양을 선택할 수 있도록해 큰 성공을 거둔 델컴퓨터 사례나 보험, 음료, 수화물, 우선탑승권 등 다양한 서비스 가격을 포함시키지 않고 고객의 취향에 따라 직접 선택할 수 있도록 하여 가격을 낮추어 성공한 저가항공사들의 사례는 대량생산 제품에도 고객의 선택권의 확대가 가능함을 보여주고 있다. 선택권의 확대는 고객들의 다양한 취향이나 필요를 반영하지만, 감성적 욕구에 더 크게 어필하고 있다. 고객들은 스스로 선택하고 만들어가는 제품에 대해 더 많은 애착을 가지게 된다. 자신이 직접 만든 운동화와 진열대에서 고른 운동화에 대한 감성적 만족은 다르기 때문이다. 더 중요한 것은 선택권의 확대가 고객의 믿음을 확보하는데 중요한 역할을 할 수 있다는 점이다. 사람은 누구나 자기 자신을 가장 믿는다. 때문에 기성품에 비해 고객이 직접 선택하고 만든 제품은 신뢰를 확보하는 데에도 유리하다.

· 선택 서비스 우수 사례 ·

 **경험이 되는 선택 : NIKEiD**

1999년 나이키는 고객이 신발을 직접 디자인하고 맞춤화 할 수 있는 NIKEiD라는 서비스를 출시했다. 처음에는 온라인 서비스로 시작되었지만 이는 곧 나이키 매장으로 확장되어 고객은 나이키 영업 담당자의 도움을 받아 자신의 신발을 맞춤화할 수 있게 되었다. 이어 2012년에는 스마트폰에서 신발을 직접 디자인하고 구매할 수 있도록 하는 모바일 앱을 출시하였다.

NIKEiD로 고객이 상품을 개별화 하는 방법은 간단하다. 만약 고객이 러닝화를 맞춤화하려 한다면 러닝화의 다양한 스타일 중 하나를 선택하고, 이어 색상과 재질을 선택하면 된다. 색상의 선택 영역도 다양해서 총 12가지의 다른 부분을 자신이 원하는 색상으로 선택할 수 있다. 이 서비스를 사용한 고객은 자신이 선택한 신발 템플릿의 일반 가격과 맞춤형 디자인 요금인 10달러, 그

[그림14-2] NIKEiD 서비스 화면

출처 https://www.meiggsmedia.com/nike-id/

리고 배송비를 더한 금액을 지불하면 된다. 주문에서 배송까지 미국 내에서는 3주가 소요된다. 이 서비스가 구현된 1999년 이후 나이키의 시장 점유율을 기하급수적으로 증가했고, 이에 영향을 받은 다른 경쟁 운동화 회사들도 뒤따라 이와 유사한 서비스를 제공하기 시작했다. NIKEiD는 고객에게 선택권을 줌으로써 운동화로 자신을 표현 할 수 있는 기회는 물론 자신의 아이디어를 시험해 볼 수 있는 경험을 제공했다. 나이키는 온라인 또는 오프라인에서 고객이 아이디어를 시험해 볼 것을 권장하지만 구매를 서두르게 하지 않는다. 그리고 고객이 선택할 수 있는 수많은 스타일, 패브릭, 색상 및 디자인 세부 정보를 제공하며 지속적으로 업데이트한다. NIKEiD 사이트에서 고객은 디자인을 저장하고 친구들과 공유할 수 있다. 나이키 매장에서의 목표는 고객이 머무르고 경험하고 다시 돌아오도록 유도하는 것이지 반드시 제품을 구매하도록 하는 것이 아니다. 하지만 이러한 상호 작용과 브랜드 충성도가 결국 매출을 올리게 했다.

😊 가격까지 선택한다 : 라디오헤드의 PWYW Pay What You Want

영국의 락밴드 라디오헤드Radiohead는 2007년 7집 정규 앨범 'In Rainbows'를 발표한다. 워낙 유명한 밴드이기에 신규 앨범의 발표 소식만으로도 큰 뉴스가 되었지만, 이 앨범을 특별하게 만든 것은 그들이 음악을 유통하는 방식에 있었다.

라디오헤드는 In Rainbows의 정규 CD를 발매하기 전에 본인들의 웹 사이트를 통해 팬들이 원하는 가격으로 앨범을 다운로드 할 수 있도록 했다. 0달러를 입력해도 다운로드 가능한 방식으로 음원을 판매했기 때문에 사실상 무료배포나 다름없었다.

글로벌 조사업체 ComScore에 따르면 앨범 출시 1개월 동안 약 120만 명이 웹사이트를 방문한 것으로 나타났다. 다운로드 실적을 분석해 보니 무료로 다운로드 한 사람이 62%였지만, 38%는 평균 6달러를 지불하였으며 전체 평균 지불액은 2.26달러이었다고 한다. 라디오헤드가 음반회사를 통해 이 앨범을 판매한 경

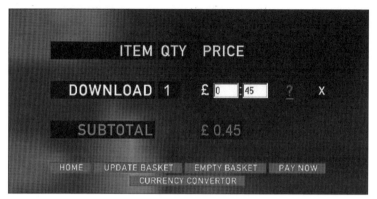

우 앨범의 가격은 14.99달러이며 라디오헤드는 이 금액의 15%인 2.25달러를 받게 되었을 것이고, iTunes를 통해 판매될 경우 라디오헤드의 분배액은 1.40달러로 더 낮아지는 것을 감안하면 훨씬 성공적인 음반 발매였음을 알 수 있다.

라디오헤드의 발표에 따르면, In Rainbows는 이전에 발표했던 모든 앨범 수익의 총합보다 많은 돈을 벌어 주어 그들의 앨범 중 가장 상업적으로 성공한 앨범이 되었다고 한다.

제 15 장

고통은 묶고
기쁨은 나누라

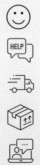

여름에도 쿨한 골프장, 스카이72 여름서비스

자연스레 운동을 미루게 되는 계절, 바로 여름! 이런 더운 여름에는 즐기고 싶은 골프를 갈망하거나, 여름에 치는 골프는 아예 포기하는 경우도 많으셨죠? 햇빛이 내리쬐는 무더위에 어떻게 골프를 칠까 한번이라도 걱정을 해본 경험이 있으시다면, 이제 그 걱정은 접어두셔도 좋을 것 같습니다. 바다 바람이 불어 내륙보다 시원하고 서울에서 가장 가까운 섬, 영종도에 위치한 스카이72에서는 그 어느 곳보다 시원하게 즐길 수 있는 다양한 여름 서비스들로 시원시원하게 골프를 즐길 수 있기 때문이지요! 코스에 서면 눈 앞에 펼쳐지는 시원한 자연 풍경처럼, 작은 부분까지 세심하게 챙기는 스카이72의 다양한 여름 서비스를 체험해보셨던 분들이라면 이미 아시겠죠? 도대체 어떤 것들이 준비되어 있는지, 함께 살펴볼까요?

· 시원한 얼음생수로 속까지 더위를 식히세요~ 쿨링워터 서비스!
· 자외선 차단 필수! 썬크림으로 클럽하우스에서부터 더위에 완벽하게 대비하세요
· 옷 안까지 시원하게~ 더위 탈출, 셔츠쿨 서비스
· 골프장에서 반바지를? 여름 복장 적극 권장!
· 여름에는 뭐니뭐니해도 아이스크림! 아이스케키 무료 서비스~
· 차 한 잔의 여유. 얼음을 동동 띄운 차가운 차茶 서비스!

출처 스카이72 홈페이지

1979년 대니얼 카너먼_{Kahneman}과 트버스키_{Tversky}는 기존 주류 mainstream 경제학의 효용함수와는 다른 새로운 가치함수인 전망이론_{prospect theory}을 발표했다. 전망이론의 특징 중 하나에 따르면 사람들은 같은 크기의 이익과 손실이라도 이익에서 얻는 기쁨보다는 손실에서 고통을 더 크게 느끼기 때문에 고통을 줄이려고 하는 '손실회피_{loss aversion}' 성향이 있다고 한다. 또한, 2007년 브라이언 넛슨_{Brian Knutson}과 그 동료들이 진행한 구매행동에 따른 뇌활성화 측면의 연구에 따르면 마음에 드는 물건을 보면 즐거움을 느끼는

[그림15-1] **전망이론에서 가정하는 가치함수(P)**

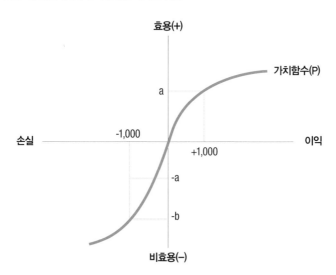

엑설런트 서비스

[그림15-2] 물건구매 및 비용지불 시 뇌의 반응

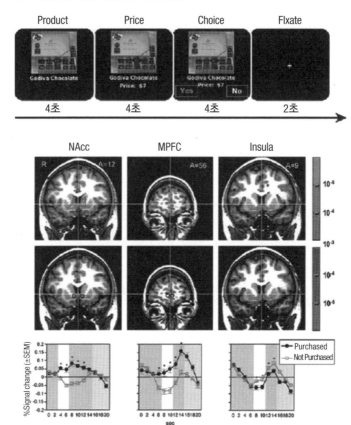

부위가 활성화되고, 그 물건에 대한 비용을 지불하면 고통을 느끼는 뇌부위가 활성화된다는 것이다.

넛손 연구팀은 물건을 구매하고 비용을 지불할 때 뇌에서 어떤 일이 일어나는지를 자기공명영상장치를 통해 분석했다. 피시험자로 나선 총 26명 성인에게 각각 20달러씩 현금을 주면서 원하는 물건을 탐색하고 필요시 그 제품을 구매하라고 요청했다. 가격이 비싼 제품에서 저렴한 제품까지 다양한 제품을 보여주면서 구매 의사를 결정하게 했다.

구체적인 실험 절차는 앞 페이지의 [그림15-2]와 같다. 자기공명 영상장치에 들어간 피시험자는 처음 4초간은 40여 개의 제품에 노출된다. 이후 4초간은 각 제품에 대한 가격을 보게 되고 이후 4초간 구매할지 말지를 선택해야 한다. 이후 2초간 쉬고, 다시 다른 제품으로 넘어가 나머지 제품을 대상으로 의사결정을 반복한다. 이런 연구 상황은 실제의 소비자가 물건을 구매할 때 이루어지는 구매 절차를 자기공명영상장치 조건으로 변환시킨 것이다.

제품에 노출될 때, 가격을 볼 때, 비용을 지불 할 때 피시험자 뇌의 각 부위가 어떻게 활성화 되는지를 [그림15-2]와 같이 크게 세 가지 뇌 활동 측정변수를 통하여 살펴봤다.

첫째, 측좌핵NAcc : Nucleus Accumbens은 쾌락과 관련이 높은 뇌 부위로 활성 시 즐거움을 느끼는 것으로 해석될 수 있다. 둘째, 전전두엽피질MPFC: Mesial Prefrontal Cortex은 두려움과 관련이 높다. 마지막으로 섬Insula은 고통과 관련이 높은 뇌 부위다. 실험결과 구매하고 싶은 제품에 노출되면 측좌핵이, 가격 정보에 노출되면 전전두엽피질이, 비용을 지불하게 되면 섬이 각각 활성화되는 것으로 나타났다.

이것을 보면 사람은 물건을 구매 할 때는 좋지만 비용을 지불할 때는 고통을 수반한다는 것을 알 수 있다. 즉, 같은 비용이라면 한 번만 지불하게 하는 편이 고통의 횟수를 줄여 줄 수 있고, 여러 번 분할해 지불하게 하면 고통의 횟수가 증가할 수 있다는 뜻이 된다. 눈앞에서 돌아가는 회전초밥을 보면 즐거움이 느껴지지만 한 접시 먹을 때마나 비용지출을 확증해야 되니 그 고통은 먹은 접시만큼 증가한다는 것이다.

어떻게 하면 비용을 지불하면서 고통을 줄일 수 있을까? 1985년 테일러Thaler 교수는 이러한 심리를 바탕으로 이익과 손실이 복잡하게 생기는 상황에서 기쁨을 더 크게 느끼게 하거나 고통을 더 적게 느끼게 하는 방법을 제시하면서, 이를 쾌락적 편집가설Hedonic Editing Hypothesis이라고 명명하였다. 쾌락적 편집가설은 복수의 이익이 생기는 경우, 복수의 손실이 생기는 경우, 이익과 손실이 함께 생기는 상황에서 이익이 더 큰 경우와 손실이 더 큰 경우 등 각각에 대해 기쁨은 크게 하고 고통을 줄이는 4가지 원칙을 다음과 같이 제시하고 있다.

첫째, 복수의 이익이 있는 경우 나누라는 것이다. 이 방법은 선물을 줄 때 한 번에 다 주는 것보다 두 번에 걸쳐 나누어 주는 것이 더 효과적일 수 있다는 것을 말하고 있다. 제품을 할인해주는 경우에는 10%를 한 번에 할인 해주는 것 보다는 단골할인 2%,

계절할인 3%, 판촉할인 5% 등 나누어 제공하는 것이 고객만족에 더 효과적이라는 것이다. 실제 국내 은행 중 한곳은 스마트폰 앱을 통해 환전 서비스를 받을 경우 면세점 추가사용 적립금 3천원, 즉시할인 적립금 2만원, 스마트 선불 1만원 등 다양한 할인 혜택을 나누어 지급하고 있다. 또한 국내 골프장 중 한곳은 특화된 포인트 카드회원제를 운영하면서 골프장 및 연습장 이용 시 2% 포인트 적립, 평일 그린피 5천원 할인, 회원생일 20% 할인쿠폰 발급 등 다양한 혜택을 나누어 지급하는 전략으로 큰 호응을 얻고 있다.

둘째, 복수의 손실이 발생하는 경우에는 합하라는 것이다. 손실의 횟수가 줄어드는 만큼 그 고통도 줄여주기 때문이다. 이것은 요금 청구와 같은 부분에서 많이 활용될 수 있다. 예를 들어 놀이공원에서 놀이기구를 탈 때마다 이용권을 구입하도록 하지 않고 처음 입장할 때 자유 이용권을 구입해 마음껏 놀이기구를 이용할 수 있도록 하는 것도 고객의 손실지각을 최소화하기 위한 방법이라 할 수 있다. 최근 디지털 음원시장에서 다운로드마다 비용을 지불하는 것이 아니라 정액제 또는 패키지로 묶어서 비용을 지불하는 과금제를 채택하는 이유도 이러한 고통을 줄이기 위해서이다.

저자가 이용하고 있는 인터넷서비스 중 먼저 대금을 포인트로 충전하는 등 선결제 후 사용하는 웹사이트가 있다. 이러한 방식은 한번 결제로 사용한 비용만큼 금액이 차감되는 편리성이 있다. 하지만 일정 기간이 지나면 포인트가 모두 소진되어 비용결제를 다시 해야 한다. 이때 비용 지급에 대한 고통이 발생되고 이 서비스의 필요성에 대해 다시 고민하게 된다. 물론 이 인터넷서비스는 이러한 문제를 해결하기 위해 후불 자동결제 고객그룹을 따로 운영하고 있다. 이것은 매번 결제 시 고통을 덜어주는 또 다른 방법이라 할 수 있다.

셋째는 이익과 손실이 동시에 발생한 경우 만약 이익이 손실보다 크면 합하고, 넷째는 손실이 이익보다 큰 경우에는 나누라는 것이다. 예를 들어 주식투자를 할 때 한 종목은 5만원 이익이 발생하고, 다른 한 종목은 3만원 손실이 발생했을 경우, 합하여 총 2만원 벌었다고 기쁘게 생각하고 반대로 한 종목에서 5만원 손실이 발생하고 다른 한 종목에서 3만원 이익이 발생하면 5만원을 잃었지만, 3만원 벌었다고 나누어 생각하는 것이 덜 고통스럽다는 것이다.

물론 이 4가지 방법이 모든 상황에서 다 적용되는 것은 아니지만, 인간이 이익과 손실에 대해 느끼는 심리를 이해하고 적용해 나간다면 기쁨은 배가 되고, 고통은 반으로 줄여주는 상황을 만들 수 있을 것이다.

비용지출에 대한 고통은 줄이고 오히려 기쁨을 배가 시키는 최고의 쾌락적 편집 방법 중 하나는 '데이 마케팅'으로 생각된다. 대표적인 예로 '빼빼로데이'를 들 수 있겠다. 날짜의 숫자가 과자인 빼빼로와 닮았다 해서 붙여진 빼빼로데이는 날씬해지기를 기원하는 의미에서 과자인 '빼빼로'를 선물로 주고받았던 데서 시작됐으나 관련 회사가 상술로 활용하면서 전국적으로 퍼졌다. 좋아하는 상대에게 초콜릿을 주며 사랑을 고백하는 날로 알려진 발렌타인데이에 무려 9배의 마케팅 효과가 있는 것으로 알려졌다.

빼빼로데이가 전형적인 '데이 마케팅'의 성공 사례라는 인식이 확산되면서 각종 기념일이 상업적으로 남발되는 계기가 되었지만, 비용지출의 고통은 줄이고 기쁨을 나누는 최고의 예라 할 수 있다.

"고통스러운 것들은 몽땅 묶어서 한꺼번에 처리해버려야 한다. 이러한 일회성이 상심을 덜어줄 것이다. 반면 혜택은 한 방울씩 주어야 한다. 그래야 그것이 더욱더 맛있어진다." 「군주론」을 쓴 마키아벨리의 말이다.

참고문헌

제1부

- 서비스경영연구회 역(2014), 지속가능시대의 서비스경영, 한국맥그로힐.
- 안연식(2018), 서비스경영, 창명.
- 유한주(2016), 품격경영, 한국표준협회미디어.
- 유한주 외 5인(2007), 서비스경영, 법문사.
- 제임스 헤스켓 외(2000), The Service Profit Chain, 삼성경제연구소.
- 한국경제 매거진, 컴퍼니, 한경비지니스, 2016.9.21.

제2부

- 김연성 외(2001), 품질경영론, 박영사.
- 박득희, 이계희, 이민정(2015), 방한 중국 관광객 수요 예측모델의 비교 연구, 관광연구저널.
- 박정희(2015), 서비스 인카운터 지수를 활용한 서비스품질 비교 연구, 숭실대 대학원 경영학과, 박사학위논문.
- 송광석 외(2013), 서비스 인카운터 지수의 개발 및 측정에 관한 연구, 서비스경영학회지, 제14권 제5호.
- 안성화, 이영해(2009), 서비스 SCM의 성과측정 프레임워크 개발, 대한산업공학회 추계 학술대회 논문집.
- 유한주 외(2016), 서비스경영 4.0, 문우사.

- 대한민국 최고의 테마파크 '에버랜드 리조트,' 한국표준협회, 2016 Annual Report.
- 늘 틀리는 수요예측 발상의 대전환 필요하다, 동아비즈니스리뷰, 2010.11.
- 로켓, 새벽배송이 가능한 진짜 이유, 시사인, 2019.3.5.
- 물류의 미래 : 아마존에서 답을 찾다, CLO, 2015.12호.

- 수요예측, 신제품개발, 오퍼레이션 이상의 가치 창출해야, 동아비즈니스리뷰, 2017.10.
- 수요예측체계 어떻게 구축하나, LG Business Insight, 2008.10.17.
- 유통 소비재 기업의 리질리언스, 삼성 KPMG 경제연구원 이슈모니터, 2016.12.
- 전 세계 스타벅스 최초로 모바일 주문 선보인다, 매일경제, 2014.
- 종업원 없는 레스토랑 등장, 중앙일보, 2015.
- 초록빛 슬로프서 여름스키 씽씽, 동아일보, 2008.7.11.
- 카카오모빌리티, AI로 택시 수요예측한다, 블로터, 2018.12.10.
- 택시 수요예측 서비스 확대 추진, 경향신문, 2019.3.10.
- 편리와 미안 사이…새벽배송 두고 누리꾼 갑론을박, 빅터뉴스, 2019.5.10.
- 효과적 수요예측 방법과 사례, SERI 이슈페이퍼, 2012.3.
- Amazon Forecast? 시계열 데이터 예측을 위한 AI서비스 출시, 아마존 홈페이지.
- Internet Of Things To Come : How Nespresso, Apple, Nest Grind Out Predictability, Forbes, 2016.3.20.
- IT 테마파크로 진화한 에버랜드…스마트서비스 속속 도입, 매일경제, 2018.11.4.

- 동아일보, 서초구청 '서리풀 원두막' 등 공공디자인대상 국무총리상, 2018.10.03.
  http://www.donga.com/news/article/all/20181003/92235571/1
- 전자신문, 마켓컬리 새벽에 신선식품 배달 '샛별 배송'으로 차별화, 2019.01.02.
  https://m.etnews.com/20190102000023
- 호텔앤레스토랑, 종잡을 수 없는 고객 입맛을 맞춰라! 2018.12.20.
  https://hotelrestaurant.co.kr/news/article.html?no=6074
- eMD, 보건, 의료 복지 301네트워크 성과평가 심포지엄 개최. 2018.12.14.
  http://www.mdon.co.kr/news/article.html?no=19477

- Baker, J., Cameron, M. (1996), The Effect of the Service Environment Affect Consumer Perception of Waiting Time : An Integrative Review and Research Propositions, Journal of the Academy of Marketing Science, 24(4), 338–349.
- Inverson, T. (2000), Potential Effect of Internal Markets on Hospitals Waiting time,

엑설런트 서비스

European Journal of Operational Research, 121(3), 467-475.

- Kano, Noriaki (1984), "Attractive quality and must-be quality" The Journal of the Japanese Society for Quality Control, April, pp. 39-48.
- Taylor, S. (1994), Waiting for services : The Relationship Between Delays and Evaluation of Service, Journal of Marketing, Vol 58, 55-69.

제3부

- 서비스경영연구회 역(2014), 지속 가능시대의 서비스 경영, 한국맥그로힐.
- 유한주 외(2016), 서비스경영 4.0, 문우사.
- 이덕청(2001), 매스 커스터마이제이션 혁명, LG경제연구소.
- 이완석(2017), 파생결합증권 시장에서 서비스 고객화가 직원에 대한 신뢰도 및 고객충성도에 미치는 영향, 숭실대학교 대학원 경영학과, 박사학위논문.
- 이호배(2004), 제품의 모듈화가 고객화와 애호도에 미치는 영향, 상품학연구, 제32권.
- 제임스 헤스켓 외(2000), The Service Profit Chain, 삼성경제연구소.

- 매일경제(http://www.mk.co.kr/), 2017.4.25.
- 매일경제(http://www.mk.co.kr/), 2019.3.18.
- 매일경제(http://www.mk.co.kr/), 2019.10.15.
- 조선일보(http://www.chosun.com/), 2019.10.31.
- 중앙일보(https://joongang.joins.com/), 2019. 10. 29.
- 한국경제(https://www.hankyung.com/), 2019.10.14.
- 한국경제(https://www.hankyung.com/), 2019.12.10.
- 한국능률협회컨설팅(https://www.kmac.co.kr/)
- 한국생산성본부(http://www.ncsi.or.kr/ncsi/)
- 한국표준협회(http://www.kssqi.or.kr/)

- Bardakci, A. & Whitelock, J. (2003). "Mass-Customization in Marketing : The

Consumer Perspective", Journal of Consumer Marketing, 20(5), pp.463–479.

- Gilmore, J. & Pine II, B. J. (1997). "The Four Faces of Mass Customization", Harvard Business Review, 76(1), pp.91–101.
- Gwinner, K.P., Bitner, M. J., Brown, S. W. & Kumar, A. (2005). "Service Customization Through Employee Adaptiveness", Journal of Service Research, 8(2), p.135.
- Klein, Norman and W. Earl Sasser, Jr. (1994), "British Airways : Using Information Systems to Better Service the Customer", Harvard Business Review, p.13.
- Tax, S. S. and S. S. Brown (1998), "Recovering and Learning from Service Failure", Sloan Management Review, 49(1), pp.75~88.

제4부

- 김영한(2009), 고객경험관리, 밀리언하우스.
- 박정현(2006), 고객경험관리(CEM)에 주목하라, LG주간경제.
- 유한주(2016), 품격경영, 한국표준협회미디어.
- 유한주 외(2016), 서비스경영 4.0, 문우사.
- 장정빈(2016), 히든서비스, 올림.
- 전길구(2016), 고객경험이 고객만족과 고객충성도에 미치는 영향, 숭실대학교 대학원 경영학과, 박사학위논문.

- 너무 많은 선택은 피곤하다 그러나 단 한의 옵션도 싫어한다, 동아비즈니스 리뷰, 2015.09.
- 미래의 소비자는 선택권을 원한다, LG경제연구원, 2010.02.
- http://dbr.donga.com/article/view/1202/article_no/5489
- http://dbr.donga.com/article/view/1202/article_no/4766
- http://dbr.donga.com/article/view/1202/article_no/5753
- http://blog.naver.com/PostView.nhn?blogId=no1marketer&logNo=120184485430
- https://100.daum.net/encyclopedia/view/47XXXXXXb591
- http://100.daum.net/encyclopedia/view/b09b0045n1503

- Baker, J. (1987). The role of the environment in marketing services: The consumer perspective. Chicago: American Marketing Association.
- Baker, J., Grewal, D., & Parasuraman, A. (1994). The influence of store environment on quality inferences and store image. Journal of The Academy of Marketing Science, 22(4), pp.328–339.
- Bitner, M. J. (1992). Servicescapes: The impact of physical surroundings on customers and employees. The Journal of Marketing, 56(2), pp.57–71.
- Bitner, M. J., Faranda, W. T., Hubbert, A. R., & Zeithaml, V. A. (1997). Customer contributions and roles in service delivery, International Journal of Service Industry Management, 8(3), pp.193–205.
- Cockburn, A., P. Quinn, and C. Gutwin (2015), "Examing the Peak–End Effects of Subjective Experience," Proceedings of the 33rd Annual Conference on Human Factors in Computing Systems.
- Do, A. M., A. V. Rupert, and G.Wolfold (2008), "Evaluations of pleasurable experiences : The peak–end rule," Psychonomic Bulletin & Review, Vol.15, No. 15.
- Ghose, A. (2009). "Internet Exchanges for Used Goods : An Empirical Analysis of Trade Patterns and Adverse Selection", MIS Quarterly, June, Vol. 33 No. 2, pp.1–30.
- Lewis, R. C. and Chambers, R. E. (2000). Marketing Leadership in Hospitality, Foundations and Practices, 3rd ed. New York: Wiley.
- Meiggs, Brian (2019), 'How Nike is Making Big Strides with Nike ID', MEIGGSMEDIA.
- Meyer, C. and Schwager, A. (2007). "Understanding customer experience." Harvard Business Review, Vol 85 No 2, pp.117–126.
- Otto, J. E. and Ritchie, J. R. B. (1996). "The service experience in tourism", Tourism Management, Vol. 17 No. 3, pp.165–174.
- Reimer, A. and Kuehn, R. (2005) The impact of servicescape on quality perception, European Journal of Marketing, 39, 7/8, pp.785–808.
- Rosenbaum, M. S. (2005) The symbolic servicescape: your kind is welcomed here, Journal of Consumer Behavior, 4, 4, pp.257–267.

- Shaw, C. and Ivens, J. (2005). Building Great Customer Experiences, New York: MacMillan.
- Team, Trefis(2015), 'How NIKEiD Is Helping Nike's Push For Greater Profits', Forbes.
- Titus, Nidhi(2018), 'Radiohead—Adopting Pay What You Want Pricing Strategy'Medium(Blog).
- Turley, L. W. and Milliman, R. E. (2000) Atmospheric effects on shopping behavior: a review of the experimental evidence, Journal of Business Research, 49, pp.193-211.

_____ 엑설런트 서비스